INDIGO

Deutsch als Zweitsprache

Arbeitsheft 1

Ute Wetter und Karl Fedke

Mildenberger

Inhaltsverzeichnis

Wie ist das Arbeitsheft aufgebaut?

Dieses Arbeitsheft zum Wörterbuch INDIGO eignet sich besonders für den Unterricht und die Arbeit mit **heterogenen Lerngruppen**, um mit **Deutsch als Zielsprache** Wörter und kurze Sätze

- zu verstehen,
- selbst zu sprechen und mit ihnen Fragen zu stellen und zu antworten,
- zu lesen und zu schreiben.

Der Wortschatz enthält in 15 Themenkapitel gegliedert (Meine Familie, In der Schule, ...) die Anforderungen der **Lehrpläne aller Bundesländer für Deutsch als Zweitsprache** und wird systematisch eingeführt und im Dialog angewendet.

Den Themenkapiteln vorangestellt ist das Kapitel „Das Abc – Nachschlagen üben" mit Anregungen und Arbeitsaufträgen zu grundlegenden Fertigkeiten im Umgang mit Wörtern, Silben und Buchstaben in einem Wörterbuch. Es werden wesentliche Begrifflichkeiten und das Nachschlagen mithilfe des Alphabets geübt.

Das Heft kann gemeinsam im Unterricht, aber auch zur Differenzierung für einzelne Schülerinnen und Schüler, **unabhängig von Alter und Klassenstufe**, eingesetzt werden. Das eingeheftete **Lösungsheft** ermöglicht eine einfache **Selbstkontrolle**.

Wie kann man mit dem Arbeitsheft arbeiten?

Das Heft wird als gemeinsames Unterrichtsmaterial genutzt:

1. Alle Schülerinnen und Schüler lösen die Aufgaben zur Orientierung im Wörterbuch und üben das Abc (Kapitel „Das Abc – Nachschlagen üben").
2. Jedes Thema wird mit einem Situationsbild eingeführt, genau wie in INDIGO.
   Immer wiederkehrende Arbeitsaufträge von **betrachten**, **beschreiben** und **sprechen** bis hin zu **lesen** und **schreiben** ermöglichen den Aufbau und das Verwenden einzelner Satzmuster.
   Die einzelnen Elemente des Bildes werden benannt, einfache Satzmuster können von der Lehrkraft vorgegeben werden. Im Wörterbuch INDIGO sind dazu zusätzliche Beispielsätze bei den Situationsbildern zu finden.
3. Der Wortschatz zu jedem Thema wird geübt. Dabei werden die Fertigkeiten zur Orientierung im Wörterbuch angewendet. Die Lösungen werden gemeinsam besprochen und dann selbstständig eingetragen und verglichen.
4. Die Anwendung der gelernten Wörter findet im Dialog, z. B. im Rollenspiel, statt. Je nach individuellem Leistungsstand und Wortschatz verwenden die Schülerinnen und Schüler die Antworten nach den Satzmustern im Arbeitsheft oder fügen neue Sätze hinzu.
   Sie wenden zunächst den Wortschatz des jeweiligen Themas an, je nach sprachlichem Entwicklungsstand benutzen sie zusätzlich auch die Wörter der anderen Themen.
   Grundlage ist immer der Wortschatz des aktuell erarbeiteten Themas, Wörter und Sätze der anderen Themen können im Rollenspiel im Hinblick auf die passende Situation verwendet werden.

Das Heft wird als Arbeitsmaterial selbstständig genutzt:

1. Das Kapitel „Das Abc – Nachschlagen üben“ kann als Angebot genutzt werden. Einige Schülerinnen und Schüler schreiben zusätzlich das Abc ins eigene Heft, um sich die Buchstaben einzuprägen. Die Anregungen im Kapitel können quantitativ mithilfe des Wörterbuchs INDIGO erweitert werden.
   Sind die Schülerinnen und Schüler schon fortgeschrittener, können sie sofort mit der Erarbeitung des ersten Themas beginnen.
2. Der Wortschatz und kurze Sätze zu jedem Thema werden selbstständig erarbeitet. Die Arbeitsaufträge werden durch die Symbole deutlich und anschaulich ergänzt. Sprechen, lesen und schreiben können im eigenen Rhythmus erfolgen und die Kontrolle erfolgt selbstständig mithilfe der Lösungsseiten.
3. Zur weiteren Differenzierung besteht die Möglichkeit, mit Partnern zusammenzuarbeiten oder einzelne Dialoge ins eigene Heft zu übertragen.
4. Im letzten Teil des Hefts „Meine Wörter“ kann jeder Schüler seinen individuellen Wortschatz zum jeweiligen Thema sammeln und aufschreiben, entweder:
   - schwierige oder interessante Wörter wiederholen oder
   - Wörter aus der eigenen Umgebung hinzufügen oder
   - Wörter im blauen, erweiterten Wörterbuchteil von INDIGO zum Thema finden.

Hinweise zum Material

- Die blau-rote Silbenschrift macht die Struktur der deutschen Schrift sichtbar. Das Lesen und das richtige Schreiben werden auf diese Weise unterstützt. Deshalb sollten die Schülerinnen und Schüler in manchen Arbeitsformen auch mit zwei Farben schreiben.
- Jeder Artikel ist mit einer Farbe hinterlegt, ebenso die unbestimmten Artikel.
  Die Kennzeichnung mit den drei Farben erleichtert das Lernen der passenden Artikel zu den Nomen.
  Zur Unterstützung können reale Gegenstände oder Wortkarten (z. B. aus „Inklusion im Anfangsunterricht“, Bestell-Nr. 130-37) mit Klebepunkten in den drei Artikelfarben markiert werden. Der passende Artikel kann sich so noch besser einprägen.

Erklärung der Aufgabensymbole

nachschlagen im Wörterbuch INDIGO

schreiben

sprechen und hören

einen Dialog führen

Das Abc – Nachschlagen üben

! Die **Buchstaben** des **Alphabets** brauchst du, wenn du Wörter schreiben willst. Es gibt Großbuchstaben und Kleinbuchstaben.

1 **Trage die fehlenden Großbuchstaben des Alphabets der Reihe nach in die blauen Kästchen ein. Schau im Wörterbuch nach.**

ABC

A		C				G			J			
N		P				T			W			Z

2 **Trage die fehlenden Kleinbuchstaben des Alphabets der Reihe nach in die blauen Kästchen ein.**

abc

	b			e			h			k		
	o			r				v				

3 **Sprich und schreibe.**

Wo ist das Abc? — **Es ist im Wörterbuch auf Seite** 4 .

Wo ist das Thema Kleidung?  — **Es ist auf Seite** ______.

Wo ist das Thema Wohnen?  — **Es ist auf Seite** ______.

Wo ist das Thema Wetter?  — **Es ist auf Seite** ______.

Wo ist das Thema Zahlen und Rechnen? 1 6 12  — **Es ist auf Seite** ______.

Wo ist das Thema Einkaufen und Straßenverkehr?   — **Es ist auf Seite** ______.

4 Ergänze den Nachfolger im Alphabet. Schreibe ihn in das Kästchen.

A	B
I	
U	
C	
L	
P	

Ergänze den Vorgänger im Alphabet. Schreibe ihn in das Kästchen.

C	D
	F
	H
	N
	Z
	T

5 Finde den Buchstaben im Abc. Steht er vorne, in der Mitte oder hinten im Abc? Schreibe die Buchstaben in die Tabelle.

A B C D E F G H	I J K L M N O P	Q R S T U V W X Y Z
vorne	Mitte	hinten
D		

~~D~~
W X
M A
I U
K G

6 Welche Buchstaben stehen davor und dahinter? Schreibe sie in die Kästchen.

A	B	C	E	F			R	
	Y			I			V	
	S			W			M	
	K			D			O	

Das Abc – Nachschlagen üben

7 **Lerne das Abc auswendig. Schau auf Seite 4 im Wörterbuch. Schreibe die Buchstaben in die Kästchen und sprich das Abc-Gedicht.**

A → B → C → D → E

Ich fahre an den See.

☐ → ☐ → ☐ → ☐ → ☐ → ☐

Hurra, du bist schon da.

☐ → ☐ → ☐ → ☐ → ☐

Ich gehe in den See.

☐ → ☐ → ☐ → ☐ → ☐

Wir schwimmen, ich und du.

☐ → ☐ → ☐ → ☐ → ☐

Du bist wirklich nett.

8 **Trage die Reimwörter ein:**

du	da	See	nett	See

A B C D E	Ich fahre an den	____________________.
F G H I J K	Hurra, du bist schon	____________________.
L M N O P	Ich gehe in den	____________________.
Q R S T U	Wir schwimmen, ich und	____________________.
V W X Y Z	Du bist wirklich	____________________.

! Die **Wörter** im Wörterbuch sind nach dem Abc geordnet.
Achte immer auf den ersten Buchstaben. Beispiel: **B**anane

9 **Sprich die Wörter und ordne sie nach dem Abc.**

A ______

B Banane

C ______

D ______

E ______

F ______

G ______

H ______

I ______

J ______

K ______

L ______

M ______

N ______

O ______

P ______

Q ______

R ______

S ______

T ______

U ______

V ______

W ______

X –

Y –

Z ______

Das Abc – Nachschlagen üben

!

Wenn bei Wörtern der **erste Buchstabe** gleich ist, dann achte auf den **zweiten Buchstaben**. Auch die zweiten Buchstaben sind im Wörterbuch nach dem Abc geordnet.

Beispiel: **Affe** , **Ampel** , **Ananas** 

10  **Ordne die Nomen (Namenwörter) nach dem Abc.**
Achte auch auf den zweiten Buchstaben.

A Affe
____
____

D __________
____

F __________
____

K __________
____

M __________
____

N __________
____

O __________
____

P __________
____

R __________
____

S __________
____

T __________
____

! **Wörter** bestehen aus einer oder mehreren **Silben**.
Du kannst die Wörter in Silben sprechen. Im Bildwörterbuch sind die Silben blau-rot: Beispiel: Ta-fel

11 **Ordne die Wörter nach dem Abc und schreibe blau-rot in Silben.**

Tafel 
Schaukel 
Tasche 
Auto 
Banane 
~~Auge~~ 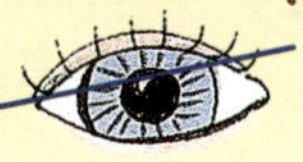
Badewanne 
Hase 

Auge, ______________________________

____

! **Nomen** (Namenwörter) haben einen **Artikel** (Begleiter):
der, die oder das. Im Wörterbuch stehen die **Artikel** (Begleiter) vor dem **Nomen** (Namenwort).
Beispiel: die Tafel

12 **Ordne die Nomen (Namenwörter) nach dem Abc und schreibe sie mit dem richtigen Artikel (Begleiter) auf.**

Bus 
Banane 
~~Auge~~ 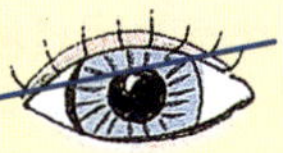
Schaufel 
Nase 
Auto 
Badewanne 
Zitrone 
Hase 
Pausenbrot 

das A u g e

1 Schau dir das Situationsbild auf Seite 8 im Wörterbuch an.

2 Sprich die Wörter zu dem Bild und höre genau.

3 Schreibe die Wörter auf die Linien neben die Bilder.

die Schwester

> **!** Nomen (Namenwörter) beginnen mit einem Großbuchstaben.
> Beispiel: Familie

4 Wo findest du die Wörter im Wörterbuch? Schreibe sie mit dem Artikel (Begleiter) auf und schreibe die Seitenzahlen dazu.

~~Familie~~ Geschwister
Bruder Tochter
Eltern Oma

Begleiter	Nomen	Seite
die	Familie	9

5 Finde das Bild zum Wort. Verbinde.

die Mutter   der Vater   die Oma   der Sohn   die Tante

6 Ordne die Nomen (Namenwörter) nach dem Abc.
Achte auf den ersten Buchstaben. Schreibe den Artikel (Begleiter) dazu.

der Vater
die Mutter
der Opa
die Tante
der Sohn
~~der Cousin~~

der Cousin
______ ______
______ ______
______ ______
______ ______
______ ______

Mit einem **Satz** teilen wir etwas mit. Das erste Wort im Satz beginnt mit einem Großbuchstaben. Am Ende des Satzes steht ein **Punkt** [.].
Beispiel: Ich bin der Sohn.

7 Sprich und schreibe Sätze.

Ich bin der Sohn.
Ich bin ______ ______.
Ich ______ ______ ______.
______ ______ ______ ______.
Ich bin die ______.
Ich bin ______ ______.
Ich ______ ______ ______.

> **!** Wir wollen etwas wissen und stellen eine **Frage**.
> Am Ende des Satzes steht ein **Fragezeichen** ?.
> Beispiel: Bist du der Sohn?

8 **Sprich und schreibe Fragen und Antworten. Achte auf die Bilder.**

Frage: Bist du der Sohn?

Antwort: Ja, ich bin der Sohn.

Frage: Bist du die Cousine?

Antwort: Ja, ich bin die ____________________.

Frage: Bist du die ____________________?

Antwort: Ja, ich bin die ____________________.

Frage: Bist du ________ ____________________?

Antwort: Ja, ich bin ________ ____________________.

Frage: Bist ________ ________ ____________________?

Antwort: Ja, ________ ________ ________ ____________________.

Frage: ________ ________ ________ ____________________?

Antwort: ______, ________ ________ ________ ____________________.

9 **Sprich und schreibe Fragen und Antworten.**

Frage: Bist du die Mutter?

Antwort: Nein, ich bin die Oma.

Frage: Bist du die Tante?

Antwort: Nein, ich bin ________ ____________________.

Frage: Bist du der Onkel?

Antwort: Nein, ________ ________ ________ ____________________.

! Verben (Tunwörter) sagen, was jemand tut oder was geschieht. Sie haben einen Infinitiv (Grundform) und verschiedene Personalformen. Beispiel: geben, er gibt

10 **Wo findest du diese Verben (Tunwörter) im Wörterbuch? Schreibe die Seitenzahlen dazu. Schreibe die Personalform zu den Verben (Tunwörtern).**

~~geben~~ helfen
spülen lachen
haben gießen

Grundform	Personalform	Seite
geben	er gibt	9

11 **Wo findest du die Grundformen zu den Verben (Tunwörtern) im Wörterbuch? Schreibe die Seitenzahlen dazu.**

~~sie dankt~~ er holt
sie kehrt er spült
er hat er liebt

Personalform	Grundform	Seite
sie dankt	danken	9

!

Adjektive (Eigenschaftswörter) beschreiben, wie jemand oder etwas ist.
Beispiel: alt

12 **Wo findest du die Adjektive (Eigenschaftswörter)?**
Schreibe die Seitenzahlen dazu.

Adjektiv	Seite
alt	9

~~alt~~
groß
jung
klein
lieb

!

Adjektive (Eigenschaftswörter) lassen sich steigern.
Beispiel: alt, älter

13 **Schreibe die Steigerungsformen zu diesen Adjektiven (Eigenschaftswörtern).**
Schreibe so:

alt – älter

____

____

____

~~alt~~
groß
jung
klein

14 **Sprich und schreibe Sätze mit den Adjektiven (Eigenschaftswörtern).**

„Meine Schwester ist jünger als ich."

„Mein Bruder ist ______________ als ich."

„Meine Mutter ist ______________ als mein Vater."

„Mein Vater ______ ______________ als meine Mutter."

15 **Ordne die Nomen (Namenwörter) nach dem Abc.**
Achte auch auf den zweiten Buchstaben.

die Tochter

~~die Oma~~

der Sohn

der Opa

die Tante

der Onkel

die Oma ____________________

______ ____________________

______ ____________________

______ ____________________

______ ____________________

______ ____________________

16 **Sprecht miteinander.**
Spielt ein Frage- und Antwortspiel.
Schreibe deine Lösung
auf die Linien.

Frage: Hast du einen Bruder?

Antwort: Ja, ich habe einen Bruder.

Nein, ich habe keinen Bruder.

Frage: Hast du eine Schwester?

Antwort: Ja, ich habe eine ____________________.

Nein, ich habe keine ____________________.

Frage: Hast du einen Onkel?

Antwort: Ja, ich habe einen ____________________.

Nein, ________ ____________ keinen ____________________.

Frage: ____________ ________ eine Tante?

Antwort: ________, ________ ____________ eine ____________________.

________, ________ ____________ keine ____________________.

2 In der Schule

1 Schau dir das Situationsbild auf Seite 12 im Wörterbuch an.

2 Sprich die Wörter zu dem Bild und höre genau.

3 Schreibe die Wörter auf die Linien neben die Bilder.

 das Bild

 ____________

 ____________

 ____________

 ____________

 ____________

 ____________

 ____________

 ____________

! **Nomen** (Namenwörter) beginnen mit einem Großbuchstaben.
Beispiel: Schule

4 Wo findest du die Wörter im Wörterbuch? Schreibe sie mit dem Artikel (Begleiter) auf und schreibe die Seitenzahlen dazu.

~~Schule~~ Pause
Lehrerin Stift
Klasse Buch

	Begleiter	Nomen	Seite
	die	Schule	15

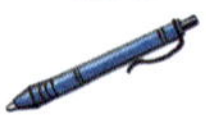			

5 Sprich die Wörter und höre genau. Schreibe in Silben und in zwei Farben.

Schu-le ______

______

______

______

______

______

6 Wo findest du die Wörter im Wörterbuch? Sprich und höre genau.
Ordne die Wörter nach den Silben.

Wörter mit zwei Silben	Wörter mit drei Silben
malen	Hausmeister

Mit einem **Satz** teilen wir etwas mit.
Das erste Wort im Satz beginnt mit einem Großbuchstaben.
Am Ende des Satzes steht ein **Punkt** . . Beispiel: Da ist der Lehrer.

7 Sprich und schreibe Sätze.

Da ist der Lehrer ______.

Da ist ______.

Da ______.

______.

Da ist die ______.

Da ______.

______.

______.

! **Verben** (Tunwörter) sagen, was jemand tut oder was geschieht.
Sie haben einen Infinitiv (Grundform) und verschiedene
Personalformen. Beispiel: schreiben, er schreibt

8 

Wo findest du diese Verben (Tunwörter) im Wörterbuch?
Schreibe die Seitenzahlen dazu.
Schreibe die Personalform zu den Verben (Tunwörtern).

~~schreiben~~ reden
singen zeichnen danken
bitten lesen

	Grundform	Personalform	Seite
	schreiben	er schreibt	15

9 

Wo findest du die Grundformen zu den Verben (Tunwörtern) im Wörterbuch?
Schreibe die Seitenzahlen dazu.

~~er legt~~ sie lernt
er klebt sie turnt
er denkt sie malt

	Personalform	Grundform	Seite
	er legt	legen	14

! Diese Wörter sind **Präpositionen: an, auf, bei, bis, hinter, in, mit, nach, neben, seit, über, unter, von, vor, wegen, zu, zwischen.**
Sie antworten auf Fragen.
Beispiel: **Wo** ist das Heft? Das Heft ist **auf** dem Tisch.

10 **Ordne die Präpositionen nach dem Abc. Achte auf den ersten Buchstaben.**

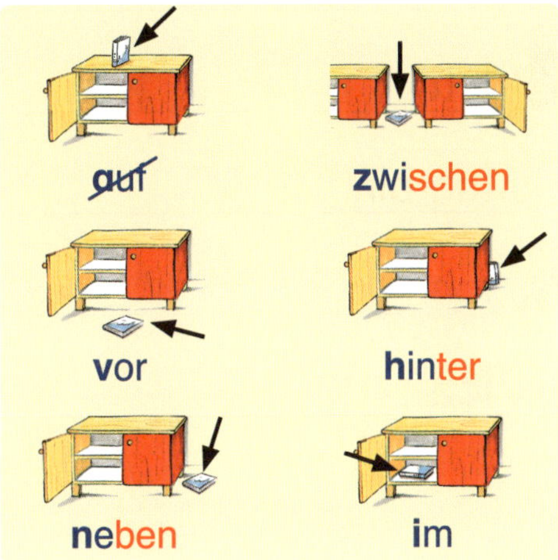

auf
______
______
______
______
______

11 **Wo findest du die Präpositionen von Aufgabe 10 im Wörterbuch? Schreibe die Seitenzahlen dazu.**

	Präposition	Seite
	auf	13
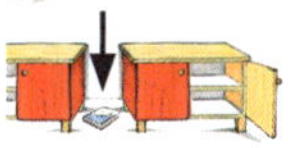		
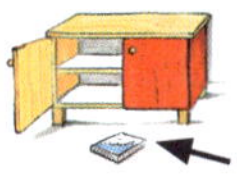		

	Präposition	Seite
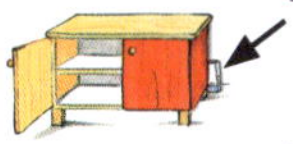		

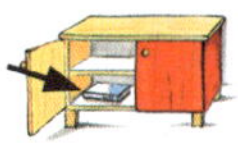		

! Wir wollen etwas wissen und stellen eine **Frage**.
Am Ende des Satzes steht ein **Fragezeichen** ?.
Beispiel: Wer bist du?

12 **Sprich und schreibe Fragen und Antworten.**

Frage: Wer bist du ? Antwort:  Ich bin der Schüler.

Frage: Wer ? Antwort:  Ich .

Frage: Wer sind Sie ? Antwort:  Ich bin .

Frage: Wer ? Antwort:  Ich .

Frage: Wer ? Antwort:  Ich .

13 **Sprich und schreibe Fragen und Antworten.**

Was ist das ?  Das ist der Füller.

Was ?  Das .

Was ?  Das .

14 **Sprich und schreibe Fragen und Antworten.**

Wo ist  das Buch ? Das Buch ist  auf dem Tisch.

Wo  ? Das Buch ist  dem Regal.

Wo  ? Das Buch ist 
den Heften.

Wo ist  der Schwamm ? Der Schwamm ist 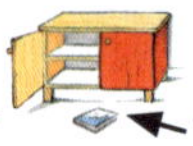 der Tafel.

Wo ist  der Lehrer ? Der Lehrer ist 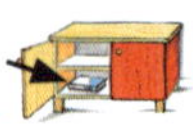 der Turnhalle.

Wo ist  der Schüler ? Der Schüler ist 
dem Rektor.

!

Wir fordern einen Partner auf, etwas zu tun.
Am Ende des Satzes steht ein **Ausrufezeichen** !.
Beispiel: Bitte gib mir die Tasche!
Nach Ausrufen steht ebenfalls ein Ausrufezeichen !. Beispiel: Danke!

15 **Sprecht miteinander und schreibt.**

Bitte gib mir das Heft!	Hier bitte!
Bitte gib mir die ______ !	Hier ______
Bitte gib ______	______
Bitte ______	______
______	______

16 **Sprecht miteinander.**
Spielt ein Frage- und Antwortspiel.
Schreibe deine Lösung
auf die Linien.

Frage: Was soll ich tun?

Antwort: Bitte höre zu!

Frage: Was soll ich schreiben?

Antwort: Bitte schreibe die Aufgabe!

Frage: Was soll ich malen?

Antwort: Bitte ______ !

Frage: Was sollen wir tun?

Antwort: Bitte turnt in der Sporthalle!

Frage: Was sollen wir tun?

Antwort: Bitte ______ !

3 Zahlen und Rechnen

1 **Schau dir das Situationsbild auf Seite 18 im Wörterbuch an.**

2 **Sprich die Wörter zu dem Bild und höre genau.**

3 **Schreibe die Wörter auf die Linien neben die Bilder.**

=	gleich	**+**	______
100	______		______
	______	**50**	______
20	______		______

Nomen (Namenwörter) beginnen mit einem Großbuchstaben.
Beispiel: Nummer

4 **Wo findest du die Wörter im Wörterbuch? Schreibe sie mit dem Artikel (Begleiter) auf und schreibe die Seitenzahlen dazu.**

~~Nummer~~ Viereck
Zahl Hälfte
Rechteck Form

	Begleiter	Nomen	Seite
	die	Nummer	19

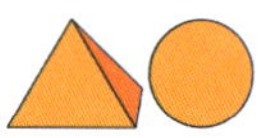			

5 Sprich und schreibe die Zahlen.

eins ______

______

______

______

______

______

______

______

______

______

! Mit einem **Satz** teilen wir etwas mit. Das erste Wort im Satz beginnt mit einem Großbuchstaben. Am Ende des Satzes steht ein **Punkt** [.].
Beispiel: Das ist das Quadrat.

6 Sprich und schreibe Sätze.

 Das ist das Quadrat ______.

 Das ist ______.

 ______.

 ______.

 ______.

1 6 12 Das ist die ______.

1 6 12 ______.

2 + 2 = 4 ______.

7 Ordne die Nomen (Namenwörter) nach dem Abc.
Achte auch auf den zweiten Buchstaben.

10 zehn	80 ~~achtzig~~
11 elf	9 neun
20 zwanzig	1 eins
7 sieben	6 sechs

achtzig

10 Setze aus den Silben Wörter zusammen.
Sprich und höre genau.
Überprüfe die Wörter mit dem Wörterbuch.

~~acht~~	hun	Num	Qua	rech	zäh
dert	drat	nen	~~zig~~	len	mer

80 achtzig

100

! Wir wollen etwas wissen und stellen eine **Frage**. Am Ende des Satzes steht ein **Fragezeichen** ?. Beispiel: Wo ist die Nummer eins?

9 **Sprich und schreibe Fragen und Antworten. Verbinde richtig.**

Frage: Wo ist die Nummer eins?

Antwort: Da ist die Nummer eins.

Frage: Wo ist die Nummer vier?

Antwort: Da ist die Nummer ____________.

Frage: Wo ist die ________________________ drei?

Antwort: Da ist ______________________________________.

Frage: Wo ist ____________________________ zwei?

Antwort: Da ____.

4

2

1

3

10 **Sprich und schreibe Fragen und Antworten.**
Schreibe die Zahlen in Buchstaben.

Welche Hausnummer hat das Haus?

Das Haus hat die Nummer **zwei**.

Welche Hausnummer hat das _______________?

Das Haus hat die Nummer ____________________.

Welche ______________________________ hat __________ Haus?

Das Haus __________ die Nummer ____________________.

____________________ Hausnummer hat das _______________?

Das _______________ hat ____.

Welche ____?

____.

! **Verben** (Tunwörter) sagen, was jemand tut oder was geschieht. Sie haben einen Infinitiv (Grundform) und verschiedene Personalformen. Beispiel: addieren, er addiert

11 **Wo findest du diese Verben (Tunwörter) im Wörterbuch? Schreibe die Seitenzahlen dazu. Schreibe die Personalform zu den Verben (Tunwörtern).**

~~addieren~~ teilen
zählen
subtrahieren rechnen

	Grundform	Personalform	Seite
2 + 2	addieren	er addiert	19
4 : 2			

2 – 1			
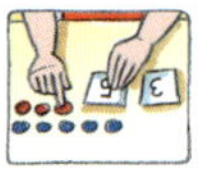			

12 **Sprich und schreibe Fragen und Antworten.**

2 + 2 = 4

Frage: Was rechnest du ?

Antwort: Ich rechne zwei plus zwei gleich vier .

10 + 10 = 20

Frage: Was ____________ ?

Antwort: Ich rechne ____________ .

1 2 3 4 5

Frage: Bis wie viel zählst du ?

Antwort: Ich zähle bis fünf: eins, zwei, ____________ .

1 2 3 4 5 6 7 8 9 10

Frage: Bis wie viel ____________ ?

Antwort: Ich zähle bis ____________

____________ .

13 **Sprecht miteinander.**
Spielt ein Frage- und Antwortspiel.
Schreibe deine Lösung
auf die Linien.

Frage: Wie alt bist du?

9 **Antwort:** Ich bin neun Jahre alt.

Frage: Wie alt bist du?

10 **Antwort:** Ich bin ______ alt.

Frage: Wie alt ______?

13 **Antwort:** Ich ______.

Frage: Wie ______?

12 **Antwort:** ______.

Frage: ______?

Antwort: ______.

14 **Sprich und schreibe Fragen und Antworten.**

Frage: Wie alt ist dein Vater?

40 **Antwort:** Mein Vater ist vierzig Jahre alt.

Frage: Wie alt ist dein Cousin?

20 **Antwort:** Mein Cousin ist ______.

Frage: Wie alt ist deine Mutter?

30 **Antwort:** Meine Mutter ______.

Frage: Wie ______ deine Tante?

50 **Antwort:** Meine Tante ______.

4 Farben

1 **Schau dir das Situationsbild auf Seite 21 im Wörterbuch an.**

2 **Sprich die Wörter zu dem Bild und höre genau.**

3 **Schreibe die Wörter auf die Linien neben die Bilder.**

blau ____________________

____

____

____

____

____

____

____

! **Adjektive** (Eigenschaftswörter) können aus mehreren Wörtern zusammengesetzt sein. Beispiel: dunkelblau ➡ dunkel, blau

4 **Im Wörterbuch auf Seite 22 findest du zusammengesetzte Adjektive (Eigenschaftswörter). Schreibe so:**

dunkelblau ➡ dunkel, blau

____________________ ➡ ____________________

____________________ ➡ ____________________

____________________ ➡ ____________________

____________________ ➡ ____________________

____________________ ➡ ____________________

____________________ ➡ ____________________

____________________ ➡ ____________________

5 Sprich die Wörter und höre genau. Schreibe in Silben und in zwei Farben.

blau	_____	_____
_____	_____	_____
_____	_____	_____

!

Mit einem **Satz** teilen wir etwas mit.
Das erste Wort im Satz beginnt mit einem Großbuchstaben.
Am Ende des Satzes steht ein **Punkt** . . Beispiel: Das ist rot.
Wir wollen etwas wissen und stellen eine **Frage**. Am Ende des Satzes steht ein **Fragezeichen** ? . Beispiel: Welche Farbe ist das?

6 Sprich und schreibe Fragen und Antworten.

Welche Farbe ist das?	Das ist rot.
Welche Farbe _____?	Das ist _____.
Welche _____?	Das _____.
_____?	Das _____.
_____?	Das _____.

Das ist schwarz.
Das ist _____.
Das _____.
_____.

Das ist nicht braun.
Das ist nicht _____.
Das ist _____ _____.
_____ _____.

1 Schau dir das Situationsbild auf Seite 23 im Wörterbuch an.

2 Sprich die Wörter zu dem Bild und höre genau.

3 Schreibe die Wörter auf die Linien neben die Bilder.

 Afrika ____________

 ____________

 ____________

 ____________

 ____________

 ____________

 ____________

! **Nomen** (Namenwörter) beginnen mit einem Großbuchstaben.
Beispiel: Hilfe

4 Wo findest du die Wörter im Wörterbuch? Schreibe sie mit dem Artikel (Begleiter) auf und schreibe die Seitenzahlen dazu.

~~Hilfe~~ Mann
Fremde Frau
Kind Name

	Begleiter	Nomen	Seite
	die	Hilfe	24

> **!** Mit einem **Satz** teilen wir etwas mit.
> Das erste Wort im Satz beginnt mit einem Großbuchstaben.
> Am Ende des Satzes steht ein **Punkt** [.]. Beispiel: Das ist Anna.

5 **Sprich und schreibe Sätze.**

Das ist Anna.

Sie ist meine  Freundin.

Das ist Zakia.

Sie ______ meine  ______________.

Ich bin Lisa.

Ich ______ die  ______________ von Anna und Zakia.

Das ist Pablo.

Er ist mein  Freund.

Das ______ Ali.

Er ______ mein  ______________.

Ich bin Tim.

Ich ______ der  ______________ von Pablo und Ali.

Meine Freunde sind: Anna,

______________, ______________,

______________, Ali und ______________.

! Wir wollen etwas wissen und stellen eine **Frage**. Am Ende des Satzes steht ein **Fragezeichen** ?. Beispiel: Wie heißt du?

6   **Sprich und schreibe Fragen und Antworten.**

Wie  heißt du? Ich heiße  Anna.

Woher  kommst du? Ich komme aus  ____________________.

Woher  kommt deine  Freundin?

Meine  Freundin  kommt aus  ____________________.

Wie  ____________ ________?

Ich  ____________  Pablo.

Woher  ____________ ________?

Ich  komme aus  ____________________.

Woher  ____________ dein Freund?

Mein Freund  kommt aus  ____________________.

Wie  heißen Sie?

Ich  ____________ Herr Wetter.

Woher  kommen Sie?

Ich  ____________ ________  ____________________.

Wie  ____________ ________?

Ich  ____________ Frau Kekelli.

Woher  ____________ ________?

Ich  ____________ ________  ____________________.

! **Verben** (Tunwörter) sagen, was jemand tut oder was geschieht.
Sie haben einen Infinitiv (Grundform) und verschiedene
Personalformen. Beispiel: helfen, er hilft

7 **Wo findest du diese Verben (Tunwörter) im Wörterbuch? Schreibe die Seitenzahlen dazu. Schreibe die Personalform zu den Verben (Tunwörtern).**

~~helfen~~ leben
kommen heißen
kennen

	Grundform	Personalform	Seite
	helfen	er hilft	24

8 **Sprecht miteinander. Spielt ein Frage- und Antwortspiel. Schreibe deine Lösung auf die Linien.**

Wie heißt du?

Ich ______________________________.

Woher kommst du?

Ich komme aus ______________________________.

Wie heißen deine Freunde?

Meine Freunde heißen ______________________________.

Woher kommen deine Freunde?

Meine ______________________________

______________________________.

6 Freizeit, Spiel und Sport

1 Schau dir das Situationsbild auf Seite 26 im Wörterbuch an.

2 Sprich die Wörter zu dem Bild und höre genau.

3 Schreibe die Wörter auf die Linien neben die Bilder.

	der Ball		

! **Nomen** (Namenwörter) beginnen mit einem Großbuchstaben.
Beispiel: Reise

4 Wo findest du die Wörter im Wörterbuch? Schreibe sie mit dem Artikel (Begleiter) auf und schreibe die Seitenzahlen dazu.

~~Reise~~ Urlaub
Spiel Sport
Ferien Freude

	Begleiter	Nomen	Seite
	die	Reise	28

5 **Finde das Bild zum Wort. Verbinde.**

die Hexe — der Kaiser — der Berg — der Stein — das Springseil — die Karte

Mit einem **Satz** teilen wir etwas mit.
Das erste Wort im Satz beginnt mit einem Großbuchstaben.
Am Ende des Satzes steht ein **Punkt** [.]. Beispiel: Die Kinder spielen.

6 **Sprich und schreibe Sätze.**

Die Männer  gehen spazieren ______.

Die Frauen  ______.

Die Jungen  ______.

Die Mädchen  ______.

7 **Schreibe die Wörter mit dem richtigen Artikel (Begleiter) auf.**

die R e i s e	___ _ _ _ _ _ _ _
___ _ _ _ _ _ _ _ _ _ _	___ _ _ _ _ _ _ _
___ _ _ _ _ _ _	___ _ _ _ _ _ _ _ _ _
___ _ _ _ _ _ _ _ _ _	___ _ _ _ _ _
___ _ _ _ _ _	___ _ _ _ _ _
___ _ _ _ _ _ _ _ _ _ _	___ _ _ _ _ _

! **Verben** (Tunwörter) sagen, was jemand tut oder was geschieht. Sie haben einen Infinitiv (Grundform) und verschiedene Personalformen. Beispiel: spielen, er spielt

8 **Wo findest du diese Verben (Tunwörter) im Wörterbuch? Schreibe die Seitenzahlen dazu. Schreibe die Personalform zu den Verben (Tunwörtern).**

~~spielen~~ hüpfen
machen
spazieren gehen

	Grundform	Personalform	Seite
	spielen	er spielt	28

! Wir wollen etwas wissen und stellen eine **Frage**. Am Ende des Satzes steht ein **Fragezeichen** ?. Beispiel: Was machst du heute?

9 **Sprich und schreibe Fragen und Antworten. Schreibe die Nomen (Namenwörter) ohne Artikel (Begleiter).**

Die  Kinder  spielen.

Was macht Ben heute?

Er  spielt ______ mit dem  Ball ______.

Was macht Laura heute?

Sie  ______ mit dem  ______.

Was macht Diana heute?

Sie  ______ den  ______.

Was macht Lorenz heute?

Er  ______ mit dem  ______.

10 **Setze aus den Silben Wörter zusammen.**
Überprüfe die Wörter mit dem Wörterbuch.

~~Rol~~	Wip	Kof	Was	wol	Pup
pe	ser	len	pe	fer	~~ler~~

 der Roller

 ______

 ______

 ______

 ______

 ______

11 **Sprecht miteinander.**
Spielt ein Frage- und Antwortspiel.
Schreibe deine Lösung
auf die Linien.

Frage: Welches 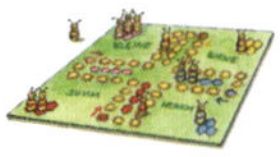 Spiel  spielst du gerne?

Antwort: Ich spiele gerne mit dem  Teddy.

Lass uns zusammen spielen!

Frage: Welches  Spiel ______?

Antwort: Ich ______ gerne mit der  ______.

Lass uns zusammen spielen!

Frage: Welches  ______?

Antwort: Ich ______ gerne mit dem  ______.

Lass uns zusammen spielen!

Frage: Welches  ______?

Antwort: Ich ______.

Lass uns zusammen  ______!

1 Schau dir das Situationsbild auf der Seite 30 im Wörterbuch an.

2 Sprich die Wörter zu dem Bild und höre genau.

3 Schreibe die Wörter auf die Linien neben die Bilder.

 der Frühling

 ____________________

 ____________________

 ____________________

 ____________________

 ____________________

 ____________________

 ____________________

 ____________________

! Nomen (Namenwörter) beginnen mit einem Großbuchstaben.
Beispiel: Feier

4 Wo findest du die Wörter im Wörterbuch? Schreibe sie mit dem Artikel (Begleiter) auf und schreibe die Seitenzahlen dazu.

~~Feier~~ Woche
Stunde Zeit
Monat Tag

	Begleiter	Nomen	Seite
	die	Feier	31
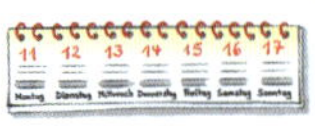			

5 **Ordne die Nomen (Namenwörter) nach dem Abc. Achte auf den ersten Buchstaben. Schreibe den Artikel (Begleiter) dazu.**

 der Weihnachtsbaum

 das Zuckerfest

 der Osterhase

 der Nachmittag

der Monat

 der Karneval

 ~~die Jahreszeit~~

 der Sonntag

die Jahreszeit

______ ______________________

______ ______________________

______ ______________________

______ ______________________

______ ______________________

______ ______________________

______ ______________________

Mit einem **Satz** teilen wir etwas mit.
Das erste Wort im Satz beginnt mit einem Großbuchstaben.
Am Ende des Satzes steht ein **Punkt** [.]. Beispiel: Bald ist Ostern.

6 **Sprich und schreibe Sätze.**

Bald ist  Ostern.

Bald ______  ______________________.

Das 

Jahr hat vier  Jahreszeiten:

 Frühling,  Sommer,  Herbst und  Winter.

Am Anfang kommt  ______________________.

Dann ______________  ______________________.

Dann ______________  ______________________.

Am Ende ______________  ______________________.

7 Feste und Jahreszeiten

! Wir wollen etwas wissen und stellen eine **Frage**. Am Ende des Satzes steht ein **Fragezeichen** ?. Beispiel: Wann ist Ostern?

7 **Sprich und schreibe Fragen und Antworten.**

Frage: Welche  Jahreszeit gefällt dir?

Antwort: Mir gefällt  der Herbst.

Frage: Welche  Jahreszeit gefällt ______?

Antwort: Mir gefällt  ______________________.

Frage: Welche  ______________________________ dir?

Antwort: Mir ______________  ______________________.

Frage: ____?

Antwort: ______________________  ______________________.

Frage: Welche Jahreszeit gefällt dir?

Antwort: ____.

8 **Sprich und schreibe die Antworten.**

Frage: Wann gehen die Kinder in die Schule?

Antwort: Die Kinder gehen am  Wochentag in die Schule.

Antwort: Die Kinder gehen am  ____________________ in die Schule.

Antwort: Die Kinder gehen am  ____________________ in die Schule.

Antwort: Die Kinder gehen am  ____________________ in die Schule.

Antwort: Die Kinder gehen am  ____________________ in die Schule.

Antwort: Die Kinder gehen am  ____________________ in die Schule.

Antwort: Die Kinder gehen am  ______________ nicht ______________________.

Antwort: Die Kinder gehen am  ____________________________________.

9 Finde das Bild zum Wort. Verbinde.

Dezember Februar April September Juni Oktober

Januar März Juli November Mai August

10 Schreibe die zwölf Monate in der richtigen Reihenfolge auf.

der Januar

der

11 **Sprich und schreibe Fragen und Antworten.**

Wie viel Uhr ist es?

Es ist sieben Uhr.

Wie viel ______________________________?

Es ist ______________________________ Uhr.

Wie viel ______________________________?

Es ist ______________________________ Uhr.

Wie viel ______________________________?

Es ist ______________________________ Uhr.

______________________________?

Es ist ______________________________ Uhr.

______________________________?

______________________________ Uhr.

______________________________?

______________________________ Uhr.

______________________________?

______________________________ Uhr.

______________________________?

______________________________ Uhr.

______________________________?

______________________________ Uhr.

12 **Sprecht miteinander.**
Spielt ein Frage- und Antwortspiel.
Schreibe deine Lösung
auf die Linien.

Wann ist dein Geburtstag?

Mein Geburtstag ist im Juli.

Das ist im Sommer.

Wann ist dein ____________________?

Mein ______________ ist im ______________.

Das ist im ______________.

Wann ist dein ____________________?

Mein ______________ ist im ______________.

Das ist ______________.

Wann ist dein ____________________?

Mein ______________ ist im ______________.

Das ist ______________.

Wann ist dein ____________________?

Mein ________________________________.

Das ist ______________.

8 Essen und Trinken

1 Schau dir das Situationsbild auf Seite 35 im Wörterbuch an.

2 Sprich die Wörter zu dem Bild und höre genau.

3 Schreibe die Wörter auf die Linien neben die Bilder.

die Banane

___

___

___

___

___

___

___

___

___

___

Nomen (Namenwörter) beginnen mit einem Großbuchstaben.
Beispiel: Gemüse

4 Wo findest du die Wörter im Wörterbuch? Schreibe sie mit dem Artikel (Begleiter) auf und schreibe die Seitenzahlen dazu.

Obst Apfel
Tee Kaffee
~~Gemüse~~ Tasse

Begleiter	Nomen	Seite
das	Gemüse	37

> ! Mit einem **Satz** teilen wir etwas mit. Das erste Wort im Satz beginnt mit einem Großbuchstaben. Am Ende des Satzes steht ein **Punkt** [.].
> Beispiel: Ich mag das Obst.

5 **Sprich und schreibe Sätze.**

 Ich mag das Obst.

 Ich mag die Kirsche.

 Ich mag _____ _____________.

 Ich _________ _____ _______________.

 _______ ___________ _____ _______________.

 _______ ___________ _____ ____________________.

 Ich mag das Gemüse nicht.

 Ich mag _____ _______________ _______________.

 Ich _________ _____ ____________________ _______________.

 _______ _________ _____ ____________________ _______________.

> ! **Verben** (Tunwörter) sagen, was jemand tut oder was geschieht.
> Sie haben einen Infinitiv (Grundform) und verschiedene Personalformen. Beispiel: essen, sie isst

6 **Wo findest du die Grundformen zu den Verben (Tunwörtern) im Wörterbuch? Schreibe die Seitenzahlen dazu.**

~~sie isst~~ es schmeckt
sie backt er kocht
sie trinkt

Personalform dritte Person	Grundform	Seite
sie isst	essen	37

> **!** Wir wollen etwas wissen und stellen eine **Frage**. Am Ende des Satzes steht ein **Fragezeichen** ?. Beispiel: Was isst Emil?

7 Sprich und schreibe Fragen und Antworten. Überlege selbst.

Frage: Was isst Eva zum Frühstück?

Antwort: Eva isst zum  ______________________:

 Ei ______________, ______________, ______________,

______________, ______________.

Frage: Was isst Jakob zum  Mittagessen?

Antwort: Jakob isst zum  ______________________:

 Gemüse ______________, ______________, ______________,

______________, ______________.

Frage: Was isst Emil zum  Abendessen?

Antwort: Emil isst zum  ______________________:

 Brot ______________, ______________, ______________,

______________, ______________.

8 Ordne die Nomen (Namenwörter) nach dem Abc. Achte auf den ersten Buchstaben. Schreibe den Artikel (Begleiter) dazu.

 das Mehl

 die Milch

 das Obst

 der Quark

 das Ei

 ~~die Butter~~

die	Butter
______	______________
______	______________
______	______________
______	______________
______	______________

! Die Buchstaben des Alphabets brauchst du, wenn du Wörter schreiben willst. Es gibt Großbuchstaben und Kleinbuchstaben.

1 Trage die fehlenden Großbuchstaben des Alphabets der Reihe nach in die blauen Kästchen ein. Schau im Wörterbuch nach.

ABC

A B C D E F G H I J K L M

N O P Q R S T U V W X Y Z

2 Trage die fehlenden Kleinbuchstaben des Alphabets der Reihe nach in die blauen Kästchen ein.

abc

a b c d e f g h i j k l m

n o p q r s t u v w x y z

3 Sprich und schreibe.

Wo ist das Abc? – Es ist im Wörterbuch auf Seite 4.

Wo ist das Thema Kleidung?  – Es ist auf Seite 46.

Wo ist das Thema Wohnen?  – Es ist auf Seite 58.

Wo ist das Thema Wetter?  – Es ist auf Seite 69.

Wo ist das Thema Zahlen und Rechnen?  – Es ist auf Seite 18.

Wo ist das Thema Einkaufen und Straßenverkehr?  – Es ist auf Seite 41.

4 Ergänze den Nachfolger im Alphabet. Schreibe ihn in das Kästchen.

A B
I J
U V
C D
L M
P Q

Ergänze den Vorgänger im Alphabet. Schreibe ihn in das Kästchen.

C D
E F
G H
M N
Y Z
S T

5 Finde den Buchstaben im Abc. Steht er vorne, in der Mitte oder hinten im Abc? Schreibe die Buchstaben in die Tabelle.

A B C D E F G H	I J K L M N O P	Q R S T U V W X Y Z
vorne	Mitte	hinten
D	M	W
A	I	X
G	K	U

~~D~~ ~~W~~ ~~X~~ ~~M~~ ~~K~~ ~~X~~ ~~U~~ ~~K~~ ~~G~~

6 Welche Buchstaben stehen davor und dahinter? Schreibe sie in die Kästchen.

A B C — E F G — Q R S
X Y Z — H I J — U V W
R S T — V W X — L M N
J K L — C D E — N O P

7 Lerne das Abc auswendig. Schau auf Seite 4 im Wörterbuch. Schreibe die Buchstaben in die Kästchen und sprich das Abc-Gedicht.

A → B → C → D → E
Ich fahre an den See.

F → G → H → I → J → K
Hurra, du bist schon da.

L → M → N → O → P
Ich gehe in den See.

Q → R → S → T → U
Wir schwimmen, ich und du.

V → W → X → Y → Z
Du bist wirklich nett.

8 Trage die Reimwörter ein:

~~du~~ ~~da~~ ~~See~~ ~~nett~~ ~~See~~

A B C D E — Ich fahre an den See.
F G H I J K — Hurra, du bist schon da.
L M N O P — Ich gehe in den See.
Q R S T U — Wir schwimmen, ich und du.
V W X Y Z — Du bist wirklich nett.

! Die Wörter im Wörterbuch sind nach dem Abc geordnet. Achte immer auf den ersten Buchstaben. Beispiel: Banane

9 Sprich die Wörter und ordne sie nach dem Abc.

A	Ampel	N	Nase
B	Banane	O	Obst
C	Computer	P	Papa
D	Dach	Q	Quatsch
E	Erde	R	Regel
F	Familie	S	Salz
G	Gras	T	Taxi
H	Haus	U	Uhr
I	Igel	V	Verkehr
J	Jahr	W	Wetter
K	Kleidung	X	–
L	Löwe	Y	–
M	Mond	Z	Zahl

! Wenn bei Wörtern der **erste Buchstabe** gleich ist, dann achte auf den **zweiten Buchstaben**. Auch die zweiten Buchstaben sind im Wörterbuch nach dem Abc geordnet.
Beispiel: Affe, Ampel, Ananas

10 **Ordne die Nomen (Namenwörter) nach dem Abc. Achte auch auf den zweiten Buchstaben.**

A	Affe	N	Nase
	Ampel		Nudel
	Ananas	O	Obst
D	Delfin		Ordner
	Donner	P	Pause
F	Fernseher		Pinsel
	Fisch	R	Roller
K	Kamm		Rutsche
	Kiwi	S	Sand
M	Markt		Sohn
	Medizin	T	Tag
	Mond		Tomate

! **Wörter** bestehen aus einer oder mehreren **Silben**.
Du kannst die Wörter in Silben sprechen. Im Bildwörterbuch sind die Silben blau-rot: Beispiel: Ta-fel

11 **Ordne die Wörter nach dem Abc und schreibe blau-rot in Silben.**

Auge, Auto, Badewanne, Banane, Hase, Schaukel,
Tafel, Tasche

! **Nomen** (Namenwörter) haben einen **Artikel** (Begleiter): der, die oder das. Im Wörterbuch stehen die **Artikel** (Begleiter) vor dem **Nomen** (Namenwort).
Beispiel: die Tafel

12 **Ordne die Nomen (Namenwörter) nach dem Abc und schreibe sie mit dem richtigen Artikel (Begleiter) auf.**

das	A u g e	der	H a s e
das	A u t o	die	N a s e
die	B a d e w a n n e	das	P a u s e n b r o t
die	B a n a n e	die	S c h a u f e l
der	B u s	die	Z i t r o n e

1 **Schau dir das Situationsbild auf Seite 8 im Wörterbuch an.**

2 **Sprich die Wörter zu dem Bild und höre genau.**

3 **Schreibe die Wörter auf die Linien neben die Bilder.**

die Schwester	die Mutter
der Cousin	der Vater
der Opa	die Oma
die Cousine	der Sohn
der Onkel	die Tante

! **Nomen** (Namenwörter) beginnen mit einem Großbuchstaben.
Beispiel: Familie

4 **Wo findest du die Wörter im Wörterbuch? Schreibe sie mit dem Artikel (Begleiter) auf und schreibe die Seitenzahlen dazu.**

Familie, Geschwister, Bruder, Tochter, Eltern, Oma

Begleiter	Nomen	Seite
die	Familie	9
die	Geschwister	10
der	Bruder	9
die	Tochter	11
die	Eltern	9
die	Oma	10

5 **Finde das Bild zum Wort. Verbinde.**

die Mutter, der Vater, die Oma, der Sohn, die Tante

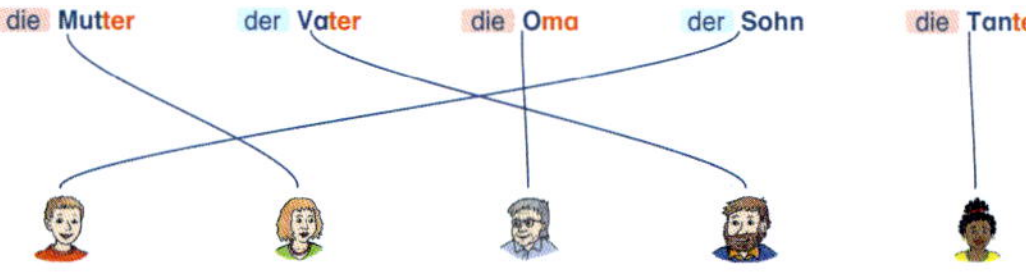

6 **Ordne die Nomen (Namenwörter) nach dem Abc. Achte auf den ersten Buchstaben. Schreibe den Artikel (Begleiter) dazu.**

der	Cousin
die	Mutter
der	Opa
der	Sohn
die	Tante
der	Vater

! Mit einem **Satz** teilen wir etwas mit. Das erste Wort im Satz beginnt mit einem Großbuchstaben. Am Ende des Satzes steht ein **Punkt**.
Beispiel: Ich bin der Sohn.

7 **Sprich und schreibe Sätze.**

Ich bin der Sohn.
Ich bin der Vater.
Ich bin der Onkel.
Ich bin der Cousin.
Ich bin die Oma.
Ich bin die Schwester.
Ich bin die Mutter.

! Wir wollen etwas wissen und stellen eine Frage.
Am Ende des Satzes steht ein **Fragezeichen** ?.
Beispiel: Bist du der Sohn?

8 Sprich und schreibe Fragen und Antworten. Achte auf die Bilder.

Frage: Bist du der Sohn?
Antwort: Ja, ich bin der Sohn.

Frage: Bist du die Cousine?
Antwort: Ja, ich bin die Cousine.

Frage: Bist du die Tante?
Antwort: Ja, ich bin die Tante.

Frage: Bist du der Cousin?
Antwort: Ja, ich bin der Cousin.

Frage: Bist du die Schwester?
Antwort: Ja, ich bin die Schwester.

Frage: Bist du die Mutter?
Antwort: Ja, ich bin die Mutter.

9 Sprich und schreibe Fragen und Antworten.

Frage: Bist du die Mutter?
Antwort: Nein, ich bin die Oma.

Frage: Bist du die Tante?
Antwort: Nein, ich bin die Mutter.

Frage: Bist du der Onkel?
Antwort: Nein, ich bin der Vater.

! **Verben** (Tunwörter) sagen, was jemand tut oder was geschieht.
Sie haben einen Infinitiv (Grundform) und verschiedene Personalformen. Beispiel: geben, er gibt

10 Wo findest du diese Verben (Tunwörter) im Wörterbuch? Schreibe die Seitenzahlen dazu. Schreibe die Personalform zu den Verben (Tunwörtern).

~~geben~~ ~~helfen~~ ~~spülen~~ ~~lachen~~ ~~haben~~ ~~gießen~~

Grundform	Personalform	Seite
geben	er gibt	9
helfen	er hilft	10
spülen	er spült	11
lachen	sie lacht	10
haben	er hat	10
gießen	er gießt	10

11 Wo findest du die Grundformen zu den Verben (Tunwörtern) im Wörterbuch? Schreibe die Seitenzahlen dazu.

~~sie dankt~~ ~~er holt~~ ~~sie kehrt~~ ~~er spült~~ ~~er hat~~ ~~er liebt~~

Personalform	Grundform	Seite
sie dankt	danken	9
er holt	holen	10
sie kehrt	kehren	10
er spült	spülen	11
er hat	haben	10
er liebt	lieben	10

! **Adjektive** (Eigenschaftswörter) beschreiben, wie jemand oder etwas ist.
Beispiel: alt

12 Wo findest du die Adjektive (Eigenschaftswörter)? Schreibe die Seitenzahlen dazu.

Adjektiv	Seite
alt	9
groß	10
jung	10
klein	10
lieb	10

~~alt~~ ~~groß~~ ~~jung~~ ~~klein~~ ~~lieb~~

! **Adjektive** (Eigenschaftswörter) lassen sich steigern.
Beispiel: alt, älter

13 Schreibe die Steigerungsformen zu diesen Adjektiven (Eigenschaftswörtern). Schreibe so:

alt – älter
groß – größer
jung – jünger
klein – kleiner

~~alt~~ ~~groß~~ ~~jung~~ ~~klein~~

14 Sprich und schreibe Sätze mit den Adjektiven (Eigenschaftswörtern).

„Meine Schwester ist jünger als ich."
„Mein Bruder ist älter als ich."
„Meine Mutter ist kleiner als mein Vater."
„Mein Vater ist größer als meine Mutter."

15 Ordne die Nomen (Namenwörter) nach dem Abc. Achte auch auf den zweiten Buchstaben.

~~die Tochter~~ ~~die Oma~~ ~~der Sohn~~ ~~der Opa~~ ~~die Tante~~ ~~der Onkel~~

die Oma
der Onkel
der Opa
der Sohn
die Tante
die Tochter

16 Sprecht miteinander. Spielt ein Frage- und Antwortspiel. Schreibe deine Lösung auf die Linien.

Frage: Hast du einen Bruder?
Antwort: Ja, ich habe einen Bruder.
Nein, ich habe keinen Bruder.

Frage: Hast du eine Schwester?
Antwort: Ja, ich habe eine Schwester.
Nein, ich habe keine Schwester.

Frage: Hast du einen Onkel?
Antwort: Ja, ich habe einen Onkel.
Nein, ich habe keinen Onkel.

Frage: Hast du eine Tante?
Antwort: Ja, ich habe eine Tante.
Nein, ich habe keine Tante.

1 Schau dir das Situationsbild auf Seite 12 im Wörterbuch an.

2 Sprich die Wörter zu dem Bild und höre genau.

3 Schreibe die Wörter auf die Linien neben die Bilder.

das Bild	der Stuhl
das Heft	der Bleistift
der Lehrer	der Hausmeister
die Tafel	der Schüler
der Tisch	

! **Nomen** (Namenwörter) beginnen mit einem Großbuchstaben.
Beispiel: Schule

4 Wo findest du die Wörter im Wörterbuch? Schreibe sie mit dem Artikel (Begleiter) auf und schreibe die Seitenzahlen dazu.

~~Schule~~ ~~Pause~~ ~~Lehrerin~~ ~~Stift~~ ~~Klasse~~ ~~Buch~~

Begleiter	Nomen	Seite
die	Schule	15
die	Pause	15
die	Lehrerin	14
der	Stift	16
die	Klasse	14
das	Buch	13

5 Sprich die Wörter und höre genau. Schreibe in Silben und in zwei Farben.

Schu-le	Tisch	Haus-meis-ter
dan-ken	ma-len	le-sen

6 Wo findest du die Wörter im Wörterbuch? Sprich und höre genau. Ordne die Wörter nach den Silben.

Wörter mit zwei Silben	Wörter mit drei Silben
malen	Hausmeister
Schere	Sporthalle
Schulhof	Toilette
Treppe	Schulranzen

! Mit einem **Satz** teilen wir etwas mit.
Das erste Wort im Satz beginnt mit einem Großbuchstaben.
Am Ende des Satzes steht ein **Punkt** [.]. Beispiel: Da ist der Lehrer.

7 Sprich und schreibe Sätze.

Da ist der Lehrer.	Da ist die Schülerin.
Da ist die Schere.	Da ist das Heft.
Da ist der Bleistift.	Da ist das Bild.
Da ist die Tafel.	Da ist der Tisch.

! **Verben** (Tunwörter) sagen, was jemand tut oder was geschieht.
Sie haben einen Infinitiv (Grundform) und verschiedene Personalformen. Beispiel: schreiben, er schreibt

8 Wo findest du diese Verben (Tunwörter) im Wörterbuch?
Schreibe die Seitenzahlen dazu.
Schreibe die Personalform zu den Verben (Tunwörtern).

~~schreiben~~ ~~reden~~ ~~singen~~ ~~zeichnen~~ ~~danken~~ ~~bitten~~ ~~lesen~~

Grundform	Personalform	Seite
schreiben	er schreibt	15
reden	er redet	15
singen	sie singt	16
zeichnen	sie zeichnet	17
danken	sie dankt	13
bitten	sie bittet	13
lesen	sie liest	14

9 Wo findest du die Grundformen zu den Verben (Tunwörtern) im Wörterbuch?
Schreibe die Seitenzahlen dazu.

~~er legt~~ ~~sie lernt~~ ~~er klebt~~ ~~sie turnt~~ ~~er denkt~~ ~~sie malt~~

Personalform	Grundform	Seite
er legt	legen	14
sie lernt	lernen	14
er klebt	kleben	14
sie turnt	turnen	16
er denkt	denken	13
sie malt	malen	14

! Diese Wörter sind **Präpositionen**: **an, auf, bei, bis, hinter, in, mit, nach, neben, seit, über, unter, von, vor, wegen, zu, zwischen**.
Sie antworten auf Fragen.
Beispiel: **Wo** ist das Heft? Das Heft ist **auf** dem Tisch.

10 Ordne die Präpositionen nach dem Abc. Achte auf den ersten Buchstaben.

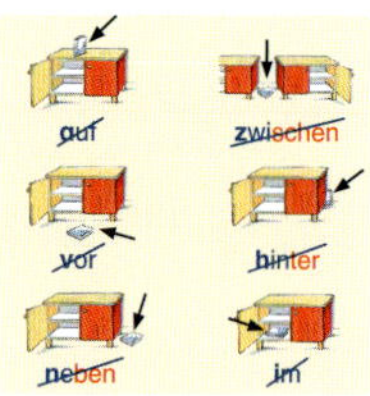

auf
hinter
im
neben
vor
zwischen

11 Wo findest du die Präpositionen von Aufgabe 10 im Wörterbuch?
Schreibe die Seitenzahlen dazu.

Präposition	Seite	Präposition	Seite
auf	13	hinter	14
zwischen	17	neben	14
vor	16	im	14

! Wir wollen etwas wissen und stellen eine Frage.
Am Ende des Satzes steht ein **Fragezeichen** ?.
Beispiel: Wer bist du?

12 Sprich und schreibe Fragen und Antworten.

Frage: Wer bist du ? Antwort: Ich bin der Schüler .
Frage: Wer bist du ? Antwort: Ich bin die Schülerin .
Frage: Wer sind Sie ? Antwort: Ich bin der Lehrer .
Frage: Wer sind Sie ? Antwort: Ich bin die Lehrerin .
Frage: Wer sind Sie ? Antwort: Ich bin der Hausmeister .

13 Sprich und schreibe Fragen und Antworten.

Was ist das ? Das ist der Füller .
Was ist das ? Das ist das Mäppchen .
Was ist das ? Das ist der Schulhof .

14 Sprich und schreibe Fragen und Antworten.

Wo ist das Buch ? Das Buch ist auf dem Tisch .
Wo ist das Buch ? Das Buch ist in dem Regal .
Wo ist das Buch ? Das Buch ist zwischen den Heften .
Wo ist der Schwamm ? Der Schwamm ist vor der Tafel .
Wo ist der Lehrer ? Der Lehrer ist in der Turnhalle .
Wo ist der Schüler ? Der Schüler ist neben dem Rektor .

! Wir fordern einen Partner auf, etwas zu tun.
Am Ende des Satzes steht ein **Ausrufezeichen** !.
Beispiel: Bitte gib mir die Tasche!
Nach Ausrufen steht ebenfalls ein Ausrufezeichen !. Beispiel: Danke!

15 Sprecht miteinander und schreibt.

Bitte gib mir das Heft! – Hier bitte!
Bitte gib mir die Schere ! – Hier bitte!
Bitte gib mir das Papier! – Hier bitte!
Bitte gib mir das Bild! – Hier bitte!
Bitte gib mir das Buch! – Hier bitte!

16 Sprecht miteinander.
Spielt ein Frage- und Antwortspiel.
Schreibe deine Lösung auf die Linien.

Frage: Was soll ich tun?
Antwort: Bitte höre zu!
Frage: Was soll ich schreiben?
Antwort: Bitte schreibe die Aufgabe!
Frage: Was soll ich malen?
Antwort: Bitte male ... (individuelle Lösung) !
Frage: Was sollen wir tun?
Antwort: Bitte turnt in der Sporthalle!
Frage: Was sollen wir tun?
Antwort: Bitte ... (individuelle Lösung) !

1 Schau dir das Situationsbild auf Seite 18 im Wörterbuch an.

2 Sprich die Wörter zu dem Bild und höre genau.

3 Schreibe die Wörter auf die Linien neben die Bilder.

=	gleich	+	plus
100	hundert	■	das Quadrat
●	der Kreis	50	fünfzig
20	zwanzig	▲	das Dreieck

! **Nomen** (Namenwörter) beginnen mit einem Großbuchstaben.
Beispiel: Nummer

4 Wo findest du die Wörter im Wörterbuch? Schreibe sie mit dem Artikel (Begleiter) auf und schreibe die Seitenzahlen dazu.

~~Nummer~~ ~~Viereck~~ ~~Zahl~~ ~~Hälfte~~ ~~Rechteck~~ ~~Form~~

Begleiter	Nomen	Seite
die	Nummer	19
das	Viereck	20
die	Zahl	20
die	Hälfte	19
das	Rechteck	20
die	Form	19

5 Sprich und schreibe die Zahlen.

eins, zwei, drei, vier, fünf, sechs, sieben, acht, neun, zehn

! Mit einem **Satz** teilen wir etwas mit. Das erste Wort im Satz beginnt mit einem Großbuchstaben. Am Ende des Satzes steht ein **Punkt** .
Beispiel: Das ist das Quadrat.

6 Sprich und schreibe Sätze.

Das ist das Quadrat .
Das ist der Kreis .
Das ist das Dreieck .
Das ist das Viereck .
Das ist das Rechteck .
Das ist die Nummer .
Das ist die Zahl .
2 + 2 = 4 Das ist die Summe .

7 Ordne die Nomen (Namenwörter) nach dem Abc. Achte auch auf den zweiten Buchstaben.

10 ~~zehn~~	80 ~~achtzig~~
11 ~~elf~~	9 ~~neun~~
20 ~~zwanzig~~	1 ~~eins~~
7 ~~sieben~~	6 ~~sechs~~

achtzig
eins
elf
neun
sechs
sieben
zehn
zwanzig

10 Setze aus den Silben Wörter zusammen. Sprich und höre genau. Überprüfe die Wörter mit dem Wörterbuch.

~~acht~~ ~~hun~~ ~~Num~~ ~~Qua~~ ~~rech~~ ~~zäh~~
~~dert~~ ~~drat~~ ~~nen~~ ~~zig~~ ~~len~~ ~~mer~~

80 achtzig
rechnen
Quadrat
Nummer
100 hundert
zählen

! Wir wollen etwas wissen und stellen eine Frage. Am Ende des Satzes steht ein Fragezeichen ?. Beispiel: Wo ist die Nummer eins?

9 Sprich und schreibe Fragen und Antworten. Verbinde richtig.

Frage: Wo ist die Nummer eins?
Antwort: Da ist die Nummer eins. → 1
Frage: Wo ist die Nummer vier?
Antwort: Da ist die Nummer vier. → 4
Frage: Wo ist die Nummer drei?
Antwort: Da ist die Nummer drei. → 3
Frage: Wo ist die Nummer zwei?
Antwort: Da ist die Nummer zwei. → 2

10 Sprich und schreibe Fragen und Antworten. Schreibe die Zahlen in Buchstaben.

Welche Hausnummer hat das Haus?
Das Haus hat die Nummer **zwei**.
Welche Hausnummer hat das Haus?
Das Haus hat die Nummer siebzig.
Welche Hausnummer hat das Haus?
Das Haus hat die Nummer dreißig.
Welche Hausnummer hat das Haus?
Das Haus hat die Nummer neunzig.
Welche Hausnummer hat das Haus?
Das Haus hat die Nummer sechzehn.

! Verben (Tunwörter) sagen, was jemand tut oder was geschieht. Sie haben einen Infinitiv (Grundform) und verschiedene Personalformen. Beispiel: addieren, er addiert

11 Wo findest du diese Verben (Tunwörter) im Wörterbuch? Schreibe die Seitenzahlen dazu. Schreibe die Personalform zu den Verben (Tunwörtern).

~~addieren~~ ~~teilen~~ ~~zählen~~ ~~subtrahieren~~ ~~rechnen~~

	Grundform	Personalform	Seite
2 + 2	addieren	er addiert	19
4 : 2	teilen	er teilt	20
	zählen	sie zählt	20
2 – 1	subtrahieren	er subtrahiert	20
	rechnen	er rechnet	20

12 Sprich und schreibe Fragen und Antworten.

2 + 2 = 4
Frage: Was rechnest du?
Antwort: Ich rechne zwei plus zwei gleich vier.

10 + 10 = 20
Frage: Was rechnest du?
Antwort: Ich rechne zehn plus zehn gleich zwanzig.

1 2 3 4 5
Frage: Bis wie viel zählst du?
Antwort: Ich zähle bis fünf: eins, zwei, drei, vier, fünf.

1 2 3 4 5 6 7 8 9 10
Frage: Bis wie viel zählst du?
Antwort: Ich zähle bis zehn: eins, zwei, drei, vier, fünf, sechs, sieben, acht, neun, zehn.

13 Sprecht miteinander. Spielt ein Frage- und Antwortspiel. Schreibe deine Lösung auf die Linien.

9
Frage: Wie alt bist du?
Antwort: Ich bin neun Jahre alt.

10
Frage: Wie alt bist du?
Antwort: Ich bin zehn Jahre alt.

13
Frage: Wie alt bist du?
Antwort: Ich bin dreizehn Jahre alt.

12
Frage: Wie alt bist du?
Antwort: Ich bin zwölf Jahre alt.

Frage: Wie alt bist du?
Antwort: Ich bin ... (individuelle Lösung).

14 Sprich und schreibe Fragen und Antworten.

Frage: Wie alt ist dein Vater?
40 Antwort: Mein Vater ist vierzig Jahre alt.
Frage: Wie alt ist dein Cousin?
20 Antwort: Mein Cousin ist zwanzig Jahre alt.
Frage: Wie alt ist deine Mutter?
30 Antwort: Meine Mutter ist dreißig Jahre alt.
Frage: Wie alt ist deine Tante?
50 Antwort: Meine Tante ist fünfzig Jahre alt.

1 Schau dir das Situationsbild auf Seite 21 im Wörterbuch an.

2 Sprich die Wörter zu dem Bild und höre genau.

3 Schreibe die Wörter auf die Linien neben die Bilder.

blau	die Farbe
grün	rot
weiß	gelb
schwarz	bunt

! Adjektive (Eigenschaftswörter) können aus mehreren Wörtern zusammengesetzt sein. Beispiel: dunkelblau ➡ dunkel, blau

4 Im Wörterbuch auf Seite 22 findest du zusammengesetzte Adjektive (Eigenschaftswörter). Schreibe so:

- dunkelblau ➡ dunkel, blau
- dunkelbraun ➡ dunkel, braun
- dunkelgrün ➡ dunkel, grün
- dunkelrot ➡ dunkel, rot
- hellblau ➡ hell, blau
- hellbraun ➡ hell, braun
- hellgrün ➡ hell, grün
- hellrot ➡ hell, rot

5 Sprich die Wörter und höre genau. Schreibe in Silben und in zwei Farben.

blau	hell-rot	dun-kel-braun
hell-blau	rot	dun-kel-grün
gelb	hell-grün	dun-kel-blau

! Mit einem Satz teilen wir etwas mit.
Das erste Wort im Satz beginnt mit einem Großbuchstaben.
Am Ende des Satzes steht ein **Punkt** [.]. Beispiel: Das ist rot.
Wir wollen etwas wissen und stellen eine **Frage**. Am Ende des Satzes steht ein **Fragezeichen** [?]. Beispiel: Welche Farbe ist das?

6 Sprich und schreibe Fragen und Antworten.

Welche Farbe ist das?	Das ist rot.
Welche Farbe ist das?	Das ist gelb.
Welche Farbe ist das?	Das ist weiß.
Welche Farbe ist das?	Das ist grau.
Welche Farbe ist das?	Das ist orange.
Das ist schwarz.	Das ist nicht braun.
Das ist lila.	Das ist nicht blau.
Das ist türkis.	Das ist nicht grün.
Das ist rosa.	Das ist nicht pink.

1 Schau dir das Situationsbild auf Seite 23 im Wörterbuch an.

2 Sprich die Wörter zu dem Bild und höre genau.

3 Schreibe die Wörter auf die Linien neben die Bilder.

Afrika	
der Freund	der Junge
das Mädchen	die Freundin
der Name	Europa

! **Nomen** (Namenwörter) beginnen mit einem Großbuchstaben.
Beispiel: Hilfe

4 Wo findest du die Wörter im Wörterbuch? Schreibe sie mit dem Artikel (Begleiter) auf und schreibe die Seitenzahlen dazu.

~~Hilfe~~ ~~Mann~~ ~~Fremde~~ ~~Frau~~ ~~Kind~~ ~~Name~~

Begleiter	Nomen	Seite
die	Hilfe	24
der	Mann	25
der	Fremde	24
die	Frau	24
das	Kind	24
der	Name	25

! Mit einem Satz teilen wir etwas mit.
Das erste Wort im Satz beginnt mit einem Großbuchstaben.
Am Ende des Satzes steht ein **Punkt** [.]. Beispiel: Das ist Anna.

5 Sprich und schreibe Sätze.

Das ist Anna.
Sie ist meine Freundin.
Das ist Zakia.
Sie ist meine Freundin.
Ich bin Lisa.
Ich bin die Freundin von Anna und Zakia.

Das ist Pablo.
Er ist mein Freund.
Das ist Ali.
Er ist mein Freund.
Ich bin Tim.
Ich bin der Freund von Pablo und Ali.

Meine Freunde sind: Anna, Zakia, Lisa, Pablo, Ali und Tim.

! Wir wollen etwas wissen und stellen eine Frage. Am Ende des Satzes steht ein **Fragezeichen** ?. Beispiel: Wie heißt du?

6 Sprich und schreibe Fragen und Antworten.

Wie heißt du? Ich heiße Anna.
Woher kommst du? Ich komme aus Deutschland.
Woher kommt deine Freundin?
Meine Freundin kommt aus Afrika.

Wie heißt du?
Ich heiße Pablo.
Woher kommst du?
Ich komme aus Deutschland.
Woher kommt dein Freund?
Mein Freund kommt aus Amerika.

Wie heißen Sie?
Ich heiße Herr Wetter.
Woher kommen Sie?
Ich komme aus Deutschland.

Wie heißen Sie?
Ich heiße Frau Kekelli.
Woher kommen Sie?
Ich komme aus Südamerika.

! **Verben** (Tunwörter) sagen, was jemand tut oder was geschieht. Sie haben einen Infinitiv (Grundform) und verschiedene Personalformen. Beispiel: helfen, er hilft

7 Wo findest du diese Verben (Tunwörter) im Wörterbuch? Schreibe die Seitenzahlen dazu. Schreibe die Personalform zu den Verben (Tunwörtern).

~~helfen~~ ~~leben~~ ~~kommen~~ ~~heißen~~ ~~kennen~~

Grundform	Personalform	Seite
helfen	er hilft	24
leben	er lebt	25
kommen	er kommt	25
heißen	sie heißt	24
kennen	er kennt	24

8 Sprecht miteinander. Spielt ein Frage- und Antwortspiel. Schreibe deine Lösung auf die Linien.

Wie heißt du?
Ich heiße ... (individuelle Lösung).
Woher kommst du?
Ich komme aus ... (individuelle Lösung).
Wie heißen deine Freunde?
Meine Freunde heißen ... (individuelle Lösung).
Woher kommen deine Freunde?
Meine Freunde kommen aus ... (individuelle Lösung).

1 Schau dir das Situationsbild auf Seite 26 im Wörterbuch an.

2 Sprich die Wörter zu dem Bild und höre genau.

3 Schreibe die Wörter auf die Linien neben die Bilder.

der Ball | hüpfen
das Wasser | schwimmen
der Teddy | die Puppe
der Rucksack | spazieren gehen

! **Nomen** (Namenwörter) beginnen mit einem Großbuchstaben. Beispiel: Reise

4 Wo findest du die Wörter im Wörterbuch? Schreibe sie mit dem Artikel (Begleiter) auf und schreibe die Seitenzahlen dazu.

~~Reise~~ ~~Urlaub~~ ~~Spiel~~ ~~Sport~~ ~~Ferien~~ ~~Freude~~

Begleiter	Nomen	Seite
die	Reise	28
der	Urlaub	29
das	Spiel	28
der	Sport	29
die	Ferien	27
die	Freude	27

5 Finde das Bild zum Wort. Verbinde.

die Hexe | der Kaiser | der Berg | der Stein | das Springseil | die Karte

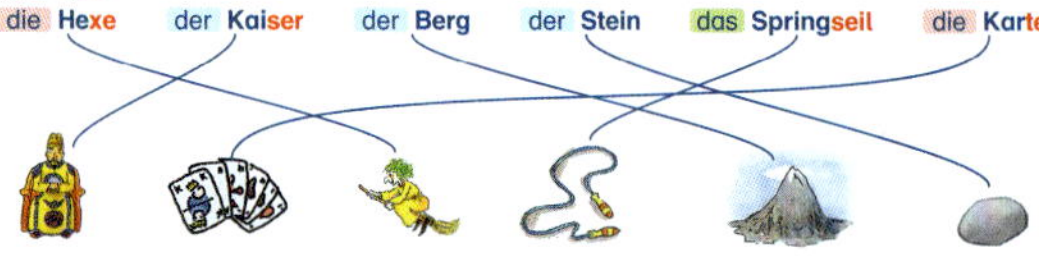

! Mit einem **Satz** teilen wir etwas mit. Das erste Wort im Satz beginnt mit einem Großbuchstaben. Am Ende des Satzes steht ein **Punkt** . Beispiel: Die Kinder spielen.

6 Sprich und schreibe Sätze.

Die Männer gehen spazieren.
Die Frauen schwimmen.
Die Jungen springen.
Die Mädchen hüpfen.

7 Schreibe die Wörter mit dem richtigen Artikel (Begleiter) auf.

die Reise | die Rutsche
das Springseil | der Ausflug
die Ferien | das Karussell
die Landkarte | der Sport
das Spiel | der Eimer
das Skateboard | der Stock

! **Verben** (Tunwörter) sagen, was jemand tut oder was geschieht. Sie haben einen Infinitiv (Grundform) und verschiedene Personalformen. Beispiel: spielen, er spielt

8 **Wo findest du diese Verben (Tunwörter) im Wörterbuch? Schreibe die Seitenzahlen dazu. Schreibe die Personalform zu den Verben (Tunwörtern).**

~~spielen~~ ~~hüpfen~~ ~~machen~~ ~~spazieren gehen~~

Grundform	Personalform	Seite
spielen	er spielt	28
hüpfen	sie hüpft	27
machen	er macht	27
spazieren gehen	er geht spazieren	28

! Wir wollen etwas wissen und stellen eine **Frage**. Am Ende des Satzes steht ein **Fragezeichen** ?. Beispiel: Was machst du heute?

9 **Sprich und schreibe Fragen und Antworten. Schreibe die Nomen (Namenwörter) ohne Artikel (Begleiter).**

Die Kinder spielen.

Was macht Ben heute?

Er spielt mit dem Ball.

Was macht Laura heute?

Sie springt mit dem Springseil.

Was macht Diana heute?

Sie rollt den Ball.

Was macht Lorenz heute?

Er übt mit dem Skateboard.

10 **Setze aus den Silben Wörter zusammen. Überprüfe die Wörter mit dem Wörterbuch.**

~~Rol~~ ~~Wip~~ ~~Kof~~ ~~Was~~ ~~wol~~ ~~Pup~~

~~pe~~ ~~ser~~ ~~len~~ ~~pe~~ ~~fer~~ ~~ler~~

der Roller — das Wasser

die Wippe — wollen

der Koffer — die Puppe

11 **Sprecht miteinander. Spielt ein Frage- und Antwortspiel. Schreibe deine Lösung auf die Linien.**

Frage: Welches Spiel spielst du gerne?

Antwort: Ich spiele gerne mit dem Teddy.

Lass uns zusammen spielen!

Frage: Welches Spiel spielst du gerne?

Antwort: Ich spiele gerne mit der Puppe.

Lass uns zusammen spielen!

Frage: Welches Spiel spielst du gerne?

Antwort: Ich spiele gerne mit dem Drachen.

Lass uns zusammen spielen!

Frage: Welches Spiel spielst du gerne?

Antwort: Ich spiele gerne mit ... (individuelle Lösung).

Lass uns zusammen spielen!

1 **Schau dir das Situationsbild auf der Seite 30 im Wörterbuch an.**

2 **Sprich die Wörter zu dem Bild und höre genau.**

3 **Schreibe die Wörter auf die Linien neben die Bilder.**

der Frühling — das Zuckerfest

der Sommer — die Uhr

der Herbst — Ostern

der Winter — der Geburtstag

der Kalender

! **Nomen** (Namenwörter) beginnen mit einem Großbuchstaben. Beispiel: Feier

4 **Wo findest du die Wörter im Wörterbuch? Schreibe sie mit dem Artikel (Begleiter) auf und schreibe die Seitenzahlen dazu.**

~~Feier~~ ~~Woche~~ ~~Stunde~~ ~~Zeit~~ ~~Monat~~ ~~Tag~~

Begleiter	Nomen	Seite
die	Feier	31
die	Woche	34
die	Stunde	33
die	Zeit	34
der	Monat	32
der	Tag	33

5 **Ordne die Nomen (Namenwörter) nach dem Abc. Achte auf den ersten Buchstaben. Schreibe den Artikel (Begleiter) dazu.**

~~der Weihnachtsbaum~~ ~~das Zuckerfest~~ ~~der Osterhase~~ ~~der Nachmittag~~ ~~der Monat~~ ~~der Karneval~~ ~~die Jahreszeit~~ ~~der Sonntag~~

die	Jahreszeit
der	Karneval
der	Monat
der	Nachmittag
der	Osterhase
der	Sonntag
der	Weihnachtsbaum
das	Zuckerfest

! Mit einem **Satz** teilen wir etwas mit. Das erste Wort im Satz beginnt mit einem Großbuchstaben. Am Ende des Satzes steht ein **Punkt** . . Beispiel: Bald ist Ostern.

6 **Sprich und schreibe Sätze.**

Bald ist Ostern.

Bald ist das Zuckerfest.

Das Jahr hat vier Jahreszeiten: Frühling, Sommer, Herbst und Winter.

Am Anfang kommt der Frühling.

Dann kommt der Sommer.

Dann kommt der Herbst.

Am Ende kommt der Winter.

Wir wollen etwas wissen und stellen eine Frage. Am Ende des Satzes steht ein Fragezeichen ?. Beispiel: Wann ist Ostern?

7 Sprich und schreibe Fragen und Antworten.

Frage: Welche Jahreszeit gefällt dir?

Antwort: Mir gefällt der Herbst.

Frage: Welche Jahreszeit gefällt dir?

Antwort: Mir gefällt der Winter.

Frage: Welche Jahreszeit gefällt dir?

Antwort: Mir gefällt der Sommer.

Frage: Welche Jahreszeit gefällt dir?

Antwort: Mir gefällt der Frühling.

Frage: Welche Jahreszeit gefällt dir?

Antwort: Mir gefällt der ... (individuelle Lösung).

8 Sprich und schreibe die Antworten.

Frage: Wann gehen die Kinder in die Schule?

Antwort: Die Kinder gehen am Wochentag in die Schule.

Antwort: Die Kinder gehen am Montag in die Schule.

Antwort: Die Kinder gehen am Dienstag in die Schule.

Antwort: Die Kinder gehen am Mittwoch in die Schule.

Antwort: Die Kinder gehen am Donnerstag in die Schule.

Antwort: Die Kinder gehen am Freitag in die Schule.

Antwort: Die Kinder gehen am Samstag nicht in die Schule.

Antwort: Die Kinder gehen am Sonntag nicht in die Schule.

9 Finde das Bild zum Wort. Verbinde.

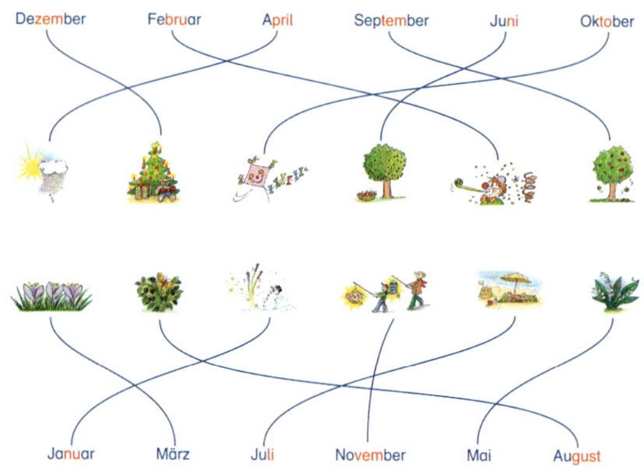

10 Schreibe die zwölf Monate in der richtigen Reihenfolge auf.

der Januar
der Februar
der März
der April
der Mai
der Juni
der Juli
der August
der September
der Oktober
der November
der Dezember

11 Sprich und schreibe Fragen und Antworten.

Wie viel Uhr ist es?
Es ist sieben Uhr.

Wie viel Uhr ist es?
Es ist acht Uhr.

Wie viel Uhr ist es?
Es ist neun Uhr.

Wie viel Uhr ist es?
Es ist zehn Uhr.

Wie viel Uhr ist es?
Es ist elf Uhr.

Wie viel Uhr ist es?
Es ist zwölf Uhr.

Wie viel Uhr ist es?
Es ist drei Uhr.

Wie viel Uhr ist es?
Es ist vier Uhr.

Wie viel Uhr ist es?
Es ist fünf Uhr.

Wie viel Uhr ist es?
Es ist sechs Uhr.

12 Sprecht miteinander. Spielt ein Frage- und Antwortspiel. Schreibe deine Lösung auf die Linien.

Wann ist dein Geburtstag?
Mein Geburtstag ist im Juli.
Das ist im Sommer.

Wann ist dein Geburtstag?
Mein Geburtstag ist im Januar.
Das ist im Winter.

Wann ist dein Geburtstag?
Mein Geburtstag ist im Oktober.
Das ist im Herbst.

Wann ist dein Geburtstag?
Mein Geburtstag ist im April.
Das ist im Frühling.

Wann ist dein Geburtstag?
Mein Geburtstag ist im ... (individuelle Lösung).
Das ist im ... (individuelle Lösung).

1 Schau dir das Situationsbild auf Seite 35 im Wörterbuch an.

2 Sprich die Wörter zu dem Bild und höre genau.

3 Schreibe die Wörter auf die Linien neben die Bilder.

die Banane	die Milch
die Gabel	der Saft
die Tomate	die Flasche
der Apfel	der Teller
das Messer	der Löffel
das Glas	

! **Nomen** (Namenwörter) beginnen mit einem Großbuchstaben.
Beispiel: Gemüse

4 Wo findest du die Wörter im Wörterbuch? Schreibe sie mit dem Artikel (Begleiter) auf und schreibe die Seitenzahlen dazu.

~~Obst~~ ~~Apfel~~ ~~Tee~~ ~~Kaffee~~ ~~Gemüse~~ ~~Tasse~~

Begleiter	Nomen	Seite
das	Gemüse	37
die	Tasse	39
der	Apfel	36
der	Tee	39
der	Kaffee	37
das	Obst	38

! Mit einem **Satz** teilen wir etwas mit. Das erste Wort im Satz beginnt mit einem Großbuchstaben. Am Ende des Satzes steht ein **Punkt** .
Beispiel: Ich mag das Obst.

5 Sprich und schreibe Sätze.

Ich mag das Obst. Ich mag die Kirsche.

Ich mag die Birne. Ich mag die Melone.

Ich mag die Kiwi.

Ich mag die Ananas.

Ich mag das Gemüse nicht.

Ich mag die Gurke nicht.

Ich mag die Tomate nicht.

Ich mag die Zwiebel nicht.

! **Verben** (Tunwörter) sagen, was jemand tut oder was geschieht. Sie haben einen Infinitiv (Grundform) und verschiedene Personalformen. Beispiel: essen, sie isst

6 Wo findest du die Grundformen zu den Verben (Tunwörtern) im Wörterbuch? Schreibe die Seitenzahlen dazu.

~~sie isst~~ ~~es schmeckt~~ ~~sie backt~~ ~~er kocht~~ ~~sie trinkt~~

Personalform dritte Person	Grundform	Seite
sie isst	essen	37
er kocht	kochen	37
sie backt	backen	36
sie trinkt	trinken	40
es schmeckt	schmecken	39

! Wir wollen etwas wissen und stellen eine **Frage**. Am Ende des Satzes steht ein **Fragezeichen** ? . Beispiel: Was isst Emil?

7 Sprich und schreibe Fragen und Antworten. Überlege selbst.

Frage: Was isst Eva zum Frühstück?

Antwort: Eva isst zum Frühstück: Ei, (individuelle Lösung), ______, ______.

Frage: Was isst Jakob zum Mittagessen?

Antwort: Jakob isst zum Mittagessen: Gemüse, (individuelle Lösung), ______, ______.

Frage: Was isst Emil zum Abendessen?

Antwort: Emil isst zum Abendessen: Brot, (individuelle Lösung), ______, ______.

8 Ordne die Nomen (Namenwörter) nach dem Abc. Achte auf den ersten Buchstaben. Schreibe den Artikel (Begleiter) dazu.

~~das Mehl~~ ~~die Milch~~ ~~das Obst~~ ~~der Quark~~ ~~das Ei~~ ~~die Butter~~

die	Butter
das	Ei
das	Mehl
die	Milch
das	Obst
der	Quark

! **Nomen** (Namenwörter) gibt es in der **Einzahl** und in der **Mehrzahl**.
Beispiel: die Banane, die Bananen

9 Wo findest du die Wörter im Wörterbuch? Schreibe sie mit dem Artikel (Begleiter) in der Einzahl und in der Mehrzahl.

~~Brot~~ ~~Banane~~ ~~Flasche~~ ~~Kirsche~~ ~~Möhre~~ ~~Suppe~~ ~~Tomate~~ ~~Traube~~ ~~Zwiebel~~ ~~Melone~~ ~~Nudel~~ ~~Kiwi~~ ~~Löffel~~ ~~Gabel~~ ~~Glas~~ ~~Messer~~ ~~Teller~~ ~~Tasse~~

Begleiter	Einzahl	Begleiter	Mehrzahl
die	Banane	die	Bananen
die	Möhre	die	Möhren
die	Kiwi	die	Kiwis
die	Melone	die	Melonen
die	Kirsche	die	Kirschen
die	Zwiebel	die	Zwiebeln
die	Nudel	die	Nudeln
die	Flasche	die	Flaschen
die	Suppe	die	Suppen
die	Traube	die	Trauben
die	Tomate	die	Tomaten
das	Brot	die	Brote
die	Tasse	die	Tassen
der	Teller	die	Teller
das	Messer	die	Messer
das	Glas	die	Gläser
die	Gabel	die	Gabeln
der	Löffel	die	Löffel

10 Sprich und schreibe Fragen und Antworten.

Wo ist der Tee?
Der Tee ist in der Kanne.

Wo ist das Brot?
Das Brot ist auf dem Teller.

Wo ist der Joghurt?
Der Joghurt ist auf dem Teller.

Wo ist die Schokolade?
Die Schokolade ist auf dem Teller.

Wo ist das Fleisch?
Das Fleisch ist auf dem Teller.

Wo ist der Apfel?
Der Apfel ist auf dem Teller.

Wo sind die Kartoffeln?
Die Kartoffeln sind in der Schüssel.

Wo sind die Früchte?
Die Früchte sind in der Schüssel.

Wo sind die Brötchen?
Die Brötchen sind in der Schüssel.

11 Sprich und schreibe Fragen und Antworten.
Schreibe die Nomen (Namenwörter) ohne Artikel (Begleiter).

Frage: Was trinkt ihr? — Antwort: Wir trinken Milch.

Was trinkt ihr? — Wir trinken Saft.
Was trinkt ihr? — Wir trinken Tee.
Was trinkt ihr? — Wir trinken Kaffee.

Schreibe die Mehrzahl.

Frage: Was esst ihr? — Antwort: Wir essen Bananen.

Was esst ihr? — Wir essen Tomaten.
Was esst ihr? — Wir essen Eier.
Was esst ihr? — Wir essen Brötchen.

12 Sprecht miteinander.
Spielt ein Frage- und Antwortspiel.
Schreibe deine Lösung auf die Linien.

Ich habe Hunger. Was möchtest du essen?

Ich möchte die Nudeln essen.
Ich möchte die Orange essen.
Ich möchte die Pizza essen.
Ich möchte das Brot essen.
Ich möchte die Gurke nicht essen.
Ich möchte das Bonbon nicht essen.
Ich möchte die Schokolade nicht essen.
Ich möchte die Pommes nicht essen.

1 Schau dir das Situationsbild auf Seite 41 im Wörterbuch an.

2 Sprich die Wörter zu dem Bild und höre genau.

3 Schreibe die Wörter auf die Linien neben die Bilder.

der Supermarkt
die Straße
der Bus
die Bäckerei
die Bank
die Ampel
das Fahrrad
das Auto
das Geld

! Nomen (Namenwörter) beginnen mit einem Großbuchstaben.
Beispiel: Geld

4 Wo findest du die Wörter im Wörterbuch?
Schreibe sie mit dem Artikel (Begleiter) auf und schreibe die Seitenzahlen dazu.

~~Leute~~ ~~Stadt~~ ~~Gehweg~~ ~~Bäcker~~ ~~Verkehr~~ ~~Schild~~

Begleiter	Nomen	Seite
die	Leute	43
der	Verkehr	45
der	Bäcker	42
der	Gehweg	43
das	Schild	44
die	Stadt	45

5 Finde das Bild zum Wort. Verbinde.

Kaufhaus Fahrrad Bushaltestelle Eisdiele Kino Bäcker Preis Stadt

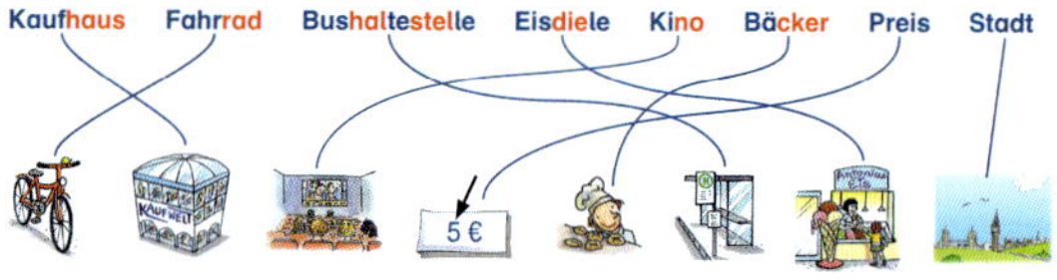

! Mit einem Satz teilen wir etwas mit. Das erste Wort im Satz beginnt mit einem Großbuchstaben. Am Ende des Satzes steht ein **Punkt** .
Beispiel: Ich suche das Kino.

6 Sprich und schreibe Sätze.

Ich suche das Kino.
Das Kino ist in der Stadt.

Ich suche die Polizei.
Die Polizei ist in der Stadt.

Ich suche das Kaufhaus.
Das Kaufhaus ist in der Stadt.

Ich suche die Bäckerei.
Die Bäckerei ist in der Stadt.

Ich suche die Feuerwehr.
Die Feuerwehr ist in der Stadt.

Ich suche die Bushaltestelle.
Die Bushaltestelle ist in der Stadt.

! Verben (Tunwörter) sagen, was jemand tut oder was geschieht. Sie haben einen Infinitiv (Grundform) und verschiedene Personalformen. Beispiel: helfen, er hilft

7 Wo findest du diese Verben (Tunwörter) im Wörterbuch? Schreibe die Seitenzahlen dazu. Schreibe die Personalform zu den Verben (Tunwörtern).

~~warten~~ ~~suchen~~ ~~zahlen~~ ~~rennen~~ ~~machen~~ ~~kaufen~~ ~~bezahlen~~

Grundform	Personalform	Seite
warten	sie wartet	45
rennen	er rennt	44
kaufen	er kauft	43
zahlen	sie zahlt	45
suchen	sie sucht	45
bezahlen	sie bezahlt	42
machen	er macht	44

8 Wo findest du die Grundformen zu den Verben (Tunwörtern) im Wörterbuch? Schreibe die Seitenzahlen dazu.

~~er kauft ein~~ ~~es kostet~~ ~~er bringt~~ ~~er hält~~ ~~er kauft~~ ~~er fährt~~

Personalform	Grundform	Seite
er bringt	bringen	42
er hält	halten	43
er kauft	kaufen	43
er fährt	fahren	42
er kauft ein	einkaufen	42
es kostet	kosten	43

9 Ordne die Nomen (Namenwörter) nach dem Abc. Achte auch auf den zweiten Buchstaben.

~~die Fahrt~~ ~~die Bank~~ ~~die Feuerwehr~~ ~~der Metzger~~ ~~der Markt~~ ~~der Platz~~ ~~der Bus~~ ~~die Polizei~~ ~~das Taxi~~

die Bank
der Bus
die Fahrt
die Feuerwehr
der Markt
der Metzger
der Platz
die Polizei
das Taxi

! Wir wollen etwas wissen und stellen eine Frage. Am Ende des Satzes steht ein Fragezeichen ?. Beispiel: Wohin fährt Anna?

10 Sprich und schreibe Fragen und Antworten.

Frage: Wohin fährt Albina?
Antwort: Albina fährt in die Stadt.
Frage: Wohin fährt Ali?
Antwort: Ali fährt in die Stadt.
Frage: Wohin fährt Eva?
Antwort: Eva fährt in das Dorf.
Frage: Wohin fährt Tim?
Antwort: Tim fährt in das Dorf.

! Adjektive (Eigenschaftswörter) beschreiben, wie jemand oder etwas ist. Beispiel: laut

11 Wo findest du diese Adjektive (Eigenschaftswörter) im Wörterbuch? Schreibe die Seitenzahlen dazu.

~~laut~~ ~~schnell~~ ~~teuer~~ ~~leise~~ ~~leicht~~ ~~schwer~~ ~~billig~~ ~~langsam~~

Adjektiv	Seite
laut	43
teuer	45
leicht	43
schwer	44
billig	42
leise	43
langsam	43
schnell	44

12 Sprich und schreibe Sätze.

Der Verkehr ist laut.
Das Fahrrad ist leicht.
Der Bus ist langsam.
Das Auto ist schnell.
Der Korb ist schwer.
Der Zug ist leise.
Das Taxi ist teuer.
Die Fahrkarte ist billig.

13 Sprich und schreibe Fragen und Antworten.

Frage: Wo hält der Bus?
Antwort: Hier hält der Bus. Hier ist die Bushaltestelle.
Frage: Wo hält das Auto?
Antwort: Hier hält das Auto.
Hier ist der Platz.
Frage: Wo hält der Zug?
Antwort: Hier hält der Zug.
Hier ist die Stadt.

14 Sprecht miteinander. Spielt ein Frage- und Antwortspiel. Schreibe deine Lösung auf die Linien.

Frage: Was möchtest du kaufen?
Antwort: Ich möchte bitte das Fahrrad kaufen.
Frage: Was kostet das Fahrrad?
Antwort: Das Fahrrad kostet 100 Euro.
Frage: Was möchtest du kaufen?
Antwort: Ich möchte bitte die Fahrkarte kaufen.
Frage: Was kostet die Fahrkarte?
Antwort: Die Fahrkarte kostet 5 Euro.
Frage: Was möchtest du kaufen?
Antwort: Ich möchte bitte die Marmelade kaufen.
Frage: Was kostet die Marmelade?
Antwort: Die Marmelade kostet 3,50 Euro.

1 Schau dir das Situationsbild auf Seite 46 im Wörterbuch an.

2 Sprich die Wörter zu dem Bild und höre genau.

3 Schreibe die Wörter auf die Linien neben die Bilder.

die Jacke	der Schuh
das T-Shirt	der Pullover
das Kleid	die Jeans
der Rock	die Unterhose
die Socke	die Hose

! **Nomen** (Namenwörter) beginnen mit einem Großbuchstaben.
Beispiel: Hose

4 Wo findest du die Wörter im Wörterbuch? Schreibe sie mit dem Artikel (Begleiter) auf und schreibe die Seitenzahlen dazu.

~~Handschuh~~ ~~Gürtel~~ ~~Knopf~~ ~~Reißverschluss~~ ~~Kleidung~~ ~~Unterhemd~~

Begleiter	Nomen	Seite
der	Gürtel	47
der	Knopf	48
der	Reißverschluss	48
der	Handschuh	47
das	Unterhemd	49
die	Kleidung	48

5 Finde zu den Bildern die Wörter im Wörterbuch und schreibe mit zwei Farben. Ordne die Wörter nach den Silben.

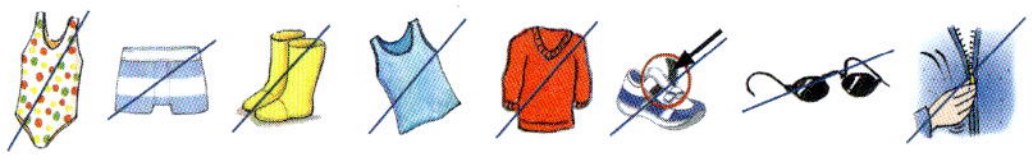

Wörter mit drei Silben	Wörter mit vier Silben
Un - ter - hemd	Ba - de - an - zug
Pul - lo - ver	Un - ter - ho - se
Klett - ver - schluss	Gum - mi - stie - fel
auf - ma - chen	Son - nen - bril - le

! Mit einem **Satz** teilen wir etwas mit. Das erste Wort im Satz beginnt mit einem Großbuchstaben. Am Ende des Satzes steht ein **Punkt** [.].
Beispiel: Laura hat die Jacke an.

6 Sprich und schreibe Sätze.

Laura hat die Jacke an.
Sie hat die Hose an.
Sie hat die Bluse an.
Sie hat das Kleid an.
Sie hat das Unterhemd an.
Lorenz hat die Hose an.
Er hat das Hemd an.
Er hat die Regenjacke an.
Er hat die Sonnenbrille an.
Er hat die Mütze an.

! Vor **Nomen** (Namenwörtern) stehen oft **unbestimmte Artikel** (Begleiter). Beispiel: ein Hut

7 Sprich und schreibe Sätze.

der	Hut	Das ist	ein Hut.
der	Badeanzug	Das ist	ein Badeanzug.
der	Strumpf	Das ist	ein Strumpf.
der	Ring	Das ist	ein Ring.
der	Gürtel	Das ist	ein Gürtel.
der	Schal	Das ist	ein Schal.
der	Schuh	Das ist	ein Schuh.
das	T-Shirt	Das ist	ein T-Shirt.
das	Kleid	Das ist	ein Kleid.
das	Hemd	Das ist	ein Hemd.
das	Unterhemd	Das ist	ein Unterhemd.
die	Bluse	Das ist	eine Bluse.
die	Badehose	Das ist	eine Badehose.
die	Regenjacke	Das ist	eine Regenjacke.
die	Mütze	Das ist	eine Mütze.
die	Hose	Das ist	eine Hose.
die	Jacke	Das ist	eine Jacke.
die	Jeans	Das ist	eine Jeans.

! **Adjektive** (Eigenschaftswörter) beschreiben, wie jemand oder etwas ist.
Beispiel: neu

8 Wo findest du diese Adjektive (Eigenschaftswörter) im Wörterbuch? Schreibe die Seitenzahlen dazu.

~~dünn~~ ~~kariert~~ ~~schön~~ ~~neu~~ ~~dick~~ ~~gepunktet~~ ~~weit~~ ~~gestreift~~ ~~hässlich~~ ~~eng~~

Adjektiv	Seite
gepunktet	47
dünn	47
weit	49
dick	47
eng	47
kariert	48
hässlich	47
schön	49
gestreift	47
neu	48

! **Adjektive** (Eigenschaftswörter) lassen sich steigern.
Beispiel: grob, gröber

9 Schreibe die Steigerungsform zu diesen Adjektiven (Eigenschaftswörtern). Schreibe so:

grob – gröber
kalt – kälter
kurz – kürzer
lang – länger
weit – weiter

~~grob~~ ~~kalt~~ ~~kurz~~ ~~lang~~ ~~weit~~

Verben (Tunwörter) sagen, was jemand tut oder was geschieht. Sie haben einen Infinitiv (Grundform) und verschiedene Personalformen. Beispiel: anhaben, er hat an

10 **Wo findest du die Personalformen zu den Verben (Tunwörtern) im Wörterbuch? Schreibe die Seitenzahlen dazu.**

~~aufsetzen~~ ~~zubinden~~ ~~anhaben~~ ~~einpacken~~ ~~tragen~~ ~~waschen~~

Grundform	Personalform	Seite
anhaben	er hat an	47
tragen	er trägt	49
einpacken	sie packt ein	47
aufsetzen	sie setzt auf	47
zubinden	er bindet zu	49
waschen	sie wäscht	49

Nomen (Namenwörter) gibt es in der **Einzahl** und in der **Mehrzahl**. Beispiel: die Socke, die Socken

11 **Wo findest du die Wörter im Wörterbuch? Schreibe sie mit Artikel (Begleiter) in der Einzahl und in der Mehrzahl.**

~~Kleid~~ ~~Schuh~~ ~~T-Shirt~~ ~~Socke~~ ~~Strumpf~~ ~~Ring~~

Begleiter	Einzahl	Begleiter	Mehrzahl
die	Socke	die	Socken
der	Ring	die	Ringe
das	Kleid	die	Kleider
der	Strumpf	die	Strümpfe
der	Schuh	die	Schuhe
das	T-Shirt	die	T-Shirts

12 **Finde verschiedene Namen für Schuhe im Wörterbuch. Schreibe sie in der Einzahl und in der Mehrzahl auf.**

der Schuh, die Schuhe
der Gummistiefel, die Gummistiefel
der Stiefel, die Stiefel
der Turnschuh, die Turnschuhe
die Sandale, die Sandalen

Wir wollen etwas wissen und stellen eine Frage. Am Ende des Satzes steht ein **Fragezeichen** ?. Beispiel: Was packt Lorena ein?

13 **Sprecht miteinander. Spielt ein Frage- und Antwortspiel. Schreibe deine Lösung auf die Linien.**

Frage: Was packt Lorena ein?
Antwort: Sie packt die Kleider ein.
Frage: Was packt sie ein?
Antwort: Sie packt die Jeans ein.
Frage: Was packt sie ein?
Antwort: Sie packt die Strumpfhose ein.

Frage: Was packt Isdri ein?
Antwort: Er packt die T-Shirts ein.
Frage: Was packt er ein?
Antwort: Er packt die Jacke ein.
Frage: Was packt er ein?
Antwort: Er packt die Sonnenbrille ein.

1 **Schau dir das Situationsbild auf Seite 50 im Wörterbuch an.**

2 **Sprich die Wörter zu dem Bild und höre genau.**

3 **Schreibe die Wörter auf die Linien neben die Bilder.**

der Arm — das Ohr
das Haar — das Bein
das Gesicht — der Mund
die Hand — die Nase
das Auge — der Fuß

Nomen (Namenwörter) beginnen mit einem Großbuchstaben. Beispiel: Körper

4 **Wo findest du die Wörter im Wörterbuch? Schreibe sie mit dem Artikel (Begleiter) auf und schreibe die Seitenzahlen dazu.**

~~Rücken~~ ~~Hals~~ ~~Körper~~ ~~Knie~~ ~~Haut~~ ~~Kopf~~

Begleiter	Nomen	Seite
der	Körper	52
der	Kopf	52
der	Hals	51
die	Haut	51
das	Knie	52
der	Rücken	52

5 **Finde zu jedem Wort den Nachfolger des Wortes im Wörterbuch.**

Wort	Nachfolger
der Arm, die Arme	das Auge, die Augen
glatt	das Haar, die Haare
weich	winken, er winkt
rau	rennen, er rennt
die Haut	hören, sie hört
das Kinn	klatschen, er klatscht
liegen, er liegt	die Lippe, die Lippen
der Fuß, die Füße	gähnen, er gähnt
die Nase, die Nasen	nicken, er nickt

Mit einem **Satz** teilen wir etwas mit. Das erste Wort im Satz beginnt mit einem Großbuchstaben. Am Ende des Satzes steht ein **Punkt** .. Beispiel: Die Nase ist im Gesicht.

6 **Sprich und schreibe Sätze.**

Die Nase ist im Gesicht.
Der Mund ist im Gesicht.
Das Auge ist im Gesicht.
Die Stirn ist im Gesicht.
Das Bein ist ein Körperteil.
Der Arm ist ein Körperteil.
Der Bauch ist ein Körperteil.
Die Brust ist ein Körperteil.

Verben (Tunwörter) sagen, was jemand tut oder was geschieht.
Sie haben einen Infinitiv (Grundform) und verschiedene Personalformen.
Beispiel: bürsten, sie bürstet

7 Wo findest du diese Verben (Tunwörter) im Wörterbuch? Schreibe die Seitenzahlen dazu. Schreibe die Personalform zu den Verben (Tunwörtern).

~~rennen~~ ~~winken~~ ~~bürsten~~ ~~liegen~~ ~~hören~~ ~~sitzen~~

Grundform	Personalform	Seite
bürsten	sie bürstet	51
sitzen	er sitzt	53
winken	er winkt	53
rennen	er rennt	52
liegen	er liegt	52
hören	sie hört	52

8 Wo findest du die Grundform zu den Verben (Tunwörtern) im Wörterbuch? Schreibe die Seitenzahlen dazu.

~~er spricht~~ ~~sie sieht~~ ~~sie riecht~~ ~~sie tastet~~ ~~er gähnt~~ ~~sie hüpft~~

Personalform	Grundform	Seite
sie tastet	tasten	53
sie sieht	sehen	53
sie hüpft	hüpfen	52
er spricht	sprechen	53
sie riecht	riechen	52
er gähnt	gähnen	51

Wir wollen etwas wissen und stellen eine **Frage**. Am Ende des Satzes steht ein **Fragezeichen** ?. Beispiel: Was kann die Zunge?

9 Sprich und schreibe Fragen und Antworten.

Frage: Was kann die Zunge?
Antwort: Die Zunge kann schmecken.

Frage: Was kann die Nase?
Antwort: Die Nase kann riechen.

Frage: Was kann das Ohr?
Antwort: Das Ohr kann hören.

Frage: Was kann die Hand?
Antwort: Die Hand kann tasten.

Frage: Was kann der Körper?
Antwort: Der Körper kann fühlen.

Frage: Was kann der Mund?
Antwort: Der Mund kann sprechen.

Frage: Was kann der Arm?
Antwort: Der Arm kann winken.

Frage: Was kann der Kopf?
Antwort: Der Kopf kann nicken.

Frage: Was kann das Auge?
Antwort: Das Auge kann sehen.

10 Sprich die Wörter und höre genau. Schreibe in Silben und in zwei Farben.

Zun - ge, schüt - teln, Ell - bo - gen, Bauch, sich be - we - gen,
Spie - gel, Ge - sicht, Rü - cken, Lip - pe, Fin - ger, klat - schen,
ren - nen

11 Finde im Wörterbuch alle Nomen (Namenwörter) mit einer Silbe zum Thema „Mein Körper". Ordne sie nach dem Abc.

der Arm	das Kinn
der Bauch	das Knie
das Bein	der Kopf
die Brust	der Mund
der Fuß	das Ohr
das Haar	der Po
der Hals	die Stirn
die Hand	der Zeh
die Haut	

Vor **Nomen** (Namenwörtern) stehen oft **unbestimmte Artikel** (Begleiter). Beispiel: ein Spiegel

12 Sprich und schreibe Sätze.

der Spiegel	Das ist	ein Spiegel.
das Kinn	Das ist	ein Kinn.
der Hals	Das ist	ein Hals.
der Zeh	Das ist	ein Zeh.
der Fuß	Das ist	ein Fuß.
das Ohr	Das ist	ein Ohr.
der Ellbogen	Das ist	ein Ellbogen.

13 Sprecht miteinander. Spielt ein Frage- und Antwortspiel. Schreibe deine Lösung auf die Linien.

Frage: Hast du eine Nase?
Antwort: Ja, ich habe eine Nase.

Frage: Hast du eine Schulter?
Antwort: Ja, ich habe eine Schulter.

Frage: Hast du eine Hand?
Antwort: Ja, ich habe eine Hand.

Frage: Hast du eine Lippe?
Antwort: Ja, ich habe eine Lippe.

1 Schau dir das Situationsbild auf Seite 54 im Wörterbuch an.

2 Sprich die Wörter zu dem Bild und höre genau.

3 Schreibe die Wörter auf die Linien neben die Bilder.

der Arzt

die Spritze — der Krankenwagen

das Pflaster — die Tablette

der Verband — sich die Hände waschen

! Nomen (Namenwörter) beginnen mit einem Großbuchstaben.
Beispiel: Gesundheit

4 Wo findest du die Wörter im Wörterbuch? Schreibe sie mit dem Artikel (Begleiter) auf und schreibe die Seitenzahlen dazu.

~~Krankheit~~ ~~Verband~~ ~~Krankenbett~~ ~~Medizin~~ ~~Seife~~ ~~Gesundheit~~

Begleiter	Nomen	Seite
die	Gesundheit	55
die	Medizin	56
die	Krankheit	56
die	Seife	56
der	Verband	57
das	Krankenbett	55

5 Finde das Bild zum Wort. Verbinde.

Pflaster sauber Handtuch dreckig Shampoo Pille

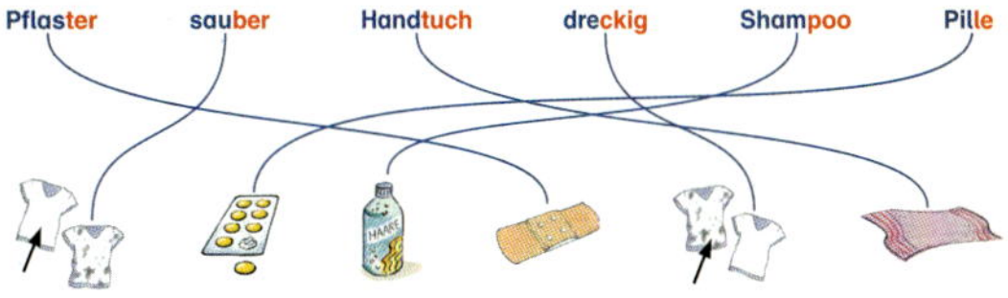

6 Finde zu jedem Wort den Vorgänger des Wortes im Wörterbuch.

Vorgänger	Wort
der Kamm, die Kämme	kämmen, er kämmt
der Verband, die Verbände	verbinden, er verbindet
sauber	schlucken, er schluckt
die Gesundheit	gut, besser
das Fieber	der Föhn, die Föhne
der Arzt, die Ärzte	die Ärztin, die Ärztinnen
die Zahnpasta	zeigen, sie zeigt

! Mit einem Satz teilen wir etwas mit. Das erste Wort im Satz beginnt mit einem Großbuchstaben. Am Ende des Satzes steht ein Punkt [.].
Beispiel: Peter ist krank.

7 Sprich und schreibe Sätze.

Peter ist krank. Er braucht eine Medizin.

Er braucht ein Pflaster.

Er braucht eine Tablette.

Er braucht eine Spritze.

8 Setze aus den Silben Wörter zusammen. Schreibe die Wörter mit zwei Farben.

~~Fie~~ ~~Ver~~ ~~Krank~~ ~~Sei~~ ~~Sham~~ ~~Sprit~~

~~band~~ ~~heit~~ ~~ber~~ ~~ze~~ ~~fe~~ ~~poo~~

Fieber — Seife

Verband — Shampoo

Krankheit — Spritze

! Wir wollen etwas wissen und stellen eine Frage. Am Ende des Satzes steht ein Fragezeichen [?].
Beispiel: Was tun wir im Krankenhaus?

9 Sprich und schreibe Fragen und Antworten.

Was tun wir im Krankenhaus?

Wir zeigen die Krankheit.

Wir pflegen uns.

Wir schlucken Medizin.

Wir nehmen Tabletten.

Wir fragen den Arzt.

Wir antworten dem Arzt.

Wir werden gesund.

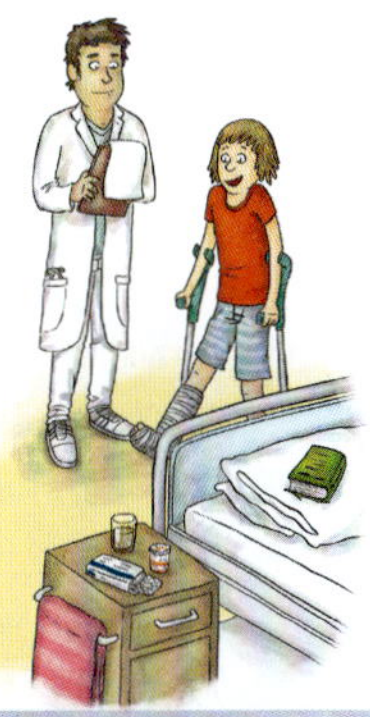

! Verben (Tunwörter) sagen, was jemand tut oder was geschieht. Sie haben einen Infinitiv (Grundform) und verschiedene Personalformen.
Beispiel: bleiben, er bleibt

10 Wo findest du diese Verben (Tunwörter) im Wörterbuch? Schreibe die Seitenzahlen dazu. Schreibe die Personalform zu den Verben (Tunwörtern).

~~sagen~~ ~~kämmen~~ ~~bleiben~~ ~~antworten~~ ~~pflegen~~ ~~fragen~~

Grundform	Personalform	Seite
bleiben	er bleibt	55
fragen	er fragt	55
kämmen	er kämmt	55
antworten	sie antwortet	55
sagen	er sagt	56
pflegen	sie pflegt	56

11 Wo findest du die Grundform zu diesen Verben (Tunwörtern) im Wörterbuch? Schreibe die Seitenzahlen dazu.

~~sie zeigt~~ ~~er fällt~~ ~~sie nimmt~~ ~~sie putzt~~ ~~er schluckt~~ ~~sie föhnt~~

Personalform	Grundform	Seite
sie putzt	putzen	56
sie zeigt	zeigen	57
er schluckt	schlucken	56
sie nimmt	nehmen	56
sie föhnt	föhnen	55
er fällt	fallen	55

12 Gesundheit

Adjektive (Eigenschaftswörter) beschreiben, wie jemand oder etwas ist.
Beispiel: neu

12 **Wo findest du diese Adjektive (Eigenschaftswörter) im Wörterbuch? Schreibe die Seitenzahlen dazu.**

~~gut~~ ~~gesund~~ ~~schmutzig~~ ~~krank~~ ~~sauber~~

Adjektiv	Seite
gut	55
sauber	56
gesund	55
krank	55
schmutzig	56

13 **Sprich und schreibe Fragen und Antworten.**

Frage: Wie ist das Handtuch?
Antwort: Das Handtuch ist sauber.
Frage: Wie ist das Handtuch?
Antwort: Das Handtuch ist schmutzig.
Frage: Wie ist der Verband?
Antwort: Der Verband ist nicht gut.
Frage: Wie ist der Verband?
Antwort: Der Verband ist nicht sauber.
Frage: Wie ist das Pflaster?
Antwort: Das Pflaster ist nicht gut.
Antwort: Das Pflaster ist schmutzig.

Gesundheit 12

14 **Sprecht miteinander. Spielt ein Frage- und Antwortspiel. Schreibe deine Lösung auf die Linien.**

Frage: Was hast du?
Antwort: Es geht mir schlecht. Ich bin krank.

Frage: Was hast du?
Antwort: Es geht mir gut.
Ich bin gesund.

Frage: Wie geht es dir?
Antwort: Es geht mir nicht gut.
Der Zahn tut weh.

Frage: Wie geht es dir?
Antwort: Es geht mir nicht gut.
Der Bauch tut weh.

Frage: Wie geht es dir?
Antwort: Es geht mir gut.
Ich bin wieder gesund.

13 Wohnen

1 **Schau dir das Situationsbild auf Seite 58 im Wörterbuch an.**

2 **Sprich die Wörter zu dem Bild und höre genau.**

3 **Schreibe die Wörter auf die Linien neben die Bilder.**

das Wohnzimmer	die Küche
das Waschbecken	die Tür
das Regal	das Sofa
die Toilette	das Bad
die Dusche	der Herd
der Kühlschrank	

Nomen (Namenwörter) beginnen mit einem Großbuchstaben.
Beispiel: Haus

4 **Wo findest du die Wörter im Wörterbuch? Schreibe sie mit dem Artikel (Begleiter) auf und schreibe die Seitenzahlen dazu.**

~~Toilette~~ ~~Zimmer~~ ~~Fernseher~~ ~~Schlafzimmer~~ ~~Haus~~

Begleiter	Nomen	Seite
das	Haus	60
das	Zimmer	61
die	Toilette	61
das	Schlafzimmer	60
der	Fernseher	59

Wohnen 13

5 **Ordne die Nomen (Namenwörter) nach dem Abc. Achte auf den ersten Buchstaben. Schreibe den Artikel (Begleiter) dazu.**

~~das Telefon~~ ~~die Ecke~~ ~~das Bett~~ ~~der Garten~~ ~~die Wand~~ ~~der Sessel~~ ~~der Keller~~

- das Bett
- die Ecke
- der Garten
- der Keller
- der Sessel
- das Telefon
- die Wand

Mit einem **Satz** teilen wir etwas mit. Das erste Wort im Satz beginnt mit einem Großbuchstaben. Am Ende des Satzes steht ein **Punkt** . .
Beispiel: Im Wohnzimmer ist das Regal.

6 **Sprich und schreibe Sätze.**

Im Wohnzimmer ist das Regal.
Im Wohnzimmer ist das Sofa.
Im Wohnzimmer ist der Sessel.
Im Wohnzimmer ist der Teppich.
Im Wohnzimmer ist der Kamin.
Im Wohnzimmer ist der Schrank.
Im Wohnzimmer ist das Telefon.
Im Wohnzimmer ist der Fernseher.
Im Wohnzimmer ist die Lampe.

! Wir wollen etwas wissen und stellen eine Frage. Am Ende des Satzes steht ein **Fragezeichen** ?. Beispiel: Wo ist das Regal?

7 **Sprich und schreibe Fragen und Antworten.**

Frage: Wo ist das Regal?

Antwort: Das Regal ist im Wohnzimmer.

Frage: Wo ist das Sofa ?

Antwort: Das Sofa ist im Wohnzimmer.

Frage: Wo ist die Lampe ?

Antwort: Die Lampe ist im Wohnzimmer.

Frage: Wo ist der Fernseher ?

Antwort: Der Fernseher ist im Wohnzimmer.

8 **Sprich und schreibe Fragen und Antworten.**

Frage: Ist die Toilette im Wohnzimmer?

Antwort: Nein, die Toilette ist nicht im Wohnzimmer.

Frage: Ist die Treppe im Wohnzimmer ?

Antwort: Nein, die Treppe ist nicht im Wohnzimmer.

Frage: Ist die Badewanne im Wohnzimmer ?

Antwort: Nein, die Badewanne ist nicht im Wohnzimmer.

! Vor **Nomen** (Namenwörtern) stehen oft **unbestimmte Artikel** (Begleiter). Beispiel: ein Bad

9 **Schreibe die Nomen (Namenwörter) mit unbestimmten Artikeln (Begleitern).**

das Bad	ein Bad
das Haus	ein Haus
das Wohnzimmer	ein Wohnzimmer
das Dach	ein Dach
die Küche	eine Küche
die Garage	eine Garage
der Garten	ein Garten
der Brief	ein Brief
der Briefkasten	ein Briefkasten

10 **Sprich und schreibe Sätze.**

Unser Haus hat ein Bad.

Unser Haus hat ein Wohnzimmer .

Unser Haus hat eine Küche .

Unser Haus hat ein Dach .

Unser Haus hat eine Garage .

Unser Haus hat ein Schlafzimmer .

Unser Haus hat ein Telefon .

Unser Haus hat eine Dusche .

! Diese Wörter sind **Präpositionen**: **an, auf, bei, bis, hinter, in, mit, nach, neben, seit, über, unter, von, vor, wegen, zu, zwischen.** Sie antworten auf Fragen. Beispiel: **Wo** ist Papa? Papa steht **vor** der Garage.

11 **Wo findest du diese Präpositionen im Wörterbuch? Schreibe die Seitenzahlen auf.**

Präposition	Seite
an	59
über	61

Präposition	Seite
unter	61
bis	59

12 **Sprich und schreibe Fragen und Antworten.**

Frage: Wo steht Hassan?

Antwort: Er steht an dem Waschbecken.

Frage: Wo steht Papa?

Antwort: Er steht an dem Herd.

Frage: Wo steht die Garage ?

Antwort: Sie steht an dem Haus.

Frage: Wo hängt das Regal ?

Antwort: Es hängt über dem Schrank.

Frage: Wo hängt die Lampe ?

Antwort: Sie hängt über dem Bett.

13 **Sprich und schreibe Fragen und Antworten. Überlege selbst.**

Frage: Was ist in der Küche?

Antwort: In der Küche ist das Regal.

In der Küche ist ... (individuelle Lösung)

Frage: Was ist im Bad?

Antwort: Im Bad ist die Toilette.

Im Bad ist ... (individuelle Lösung)

Frage: Was ist im Wohnzimmer?

Antwort: Im Wohnzimmer ist der Teppich.

Im Wohnzimmer ist ... (individuelle Lösung)

14 **Sprecht miteinander. Spielt ein Frage- und Antwortspiel. Schreibe deine Lösung auf die Linien.**

Frage: Wo wohnt ihr?

Antwort: Wir wohnen in Deutschland.

Frage: Wo wohnt Hassan?

Antwort: Er wohnt in Deutschland .

1 Schau dir das Situationsbild auf Seite 62 im Wörterbuch an.

2 Sprich die Wörter zu dem Bild und höre genau.

3 Schreibe die Wörter auf die Linien neben die Bilder.

der Baum
das Schaf
das Pferd
der Hase
die Katze
der Vogel
der Hund
das Schwein
die Blume
das Huhn
die Kuh

! Nomen (Namenwörter) beginnen mit einem Großbuchstaben.
Beispiel: Blume

4 Wo findest du die Wörter im Wörterbuch? Schreibe sie mit dem Artikel (Begleiter) auf und schreibe die Seitenzahlen dazu.

~~Pflanze~~ ~~Blume~~ ~~Tier~~ ~~Futter~~ ~~Bauernhof~~

Begleiter	Nomen	Seite
die	Blume	63
das	Tier	67
der	Bauernhof	63
die	Pflanze	66
das	Futter	64

! Mit einem Satz teilen wir etwas mit.
Das erste Wort im Satz beginnt mit einem Großbuchstaben.
Am Ende des Satzes steht ein Punkt [.].
Beispiel: Der Hase ist zahm.

5 Sprich und schreibe Sätze.

Der Hase ist zahm.
Die Katze ist zahm.
Der Hund ist zahm.
Das Pferd ist zahm.
Der Esel ist zahm.
Die Kuh ist zahm.
Die Gans ist zahm.

! Vor Nomen (Namenwörtern) stehen oft unbestimmte Artikel (Begleiter).
Beispiel: eine Kuh

6 Sprich und schreibe die Wörter.

die Kuh	eine Kuh,	viele Kühe
die Gans	eine Gans,	viele Gänse
die Kröte	eine Kröte,	viele Kröten
die Maus	eine Maus,	viele Mäuse
der Hirsch	ein Hirsch,	viele Hirsche
der Fuchs	ein Fuchs,	viele Füchse
der Käfer	ein Käfer,	viele Käfer

! Wir wollen etwas wissen und stellen eine Frage. Am Ende des Satzes steht ein Fragezeichen [?]. Beispiel: Ist der Hase zahm?

7 Sprich und schreibe Fragen und Antworten.

Frage: Ist der Hase zahm?
Antwort: Ja, der Hase ist zahm.
Antwort: Er ist nicht gefährlich.

Frage: Ist das Schwein zahm?
Antwort: Ja, das Schwein ist zahm.
Antwort: Es ist nicht gefährlich.

Frage: Ist der Seehund zahm?
Antwort: Ja, der Seehund ist zahm.
Antwort: Er ist nicht gefährlich.

Frage: Ist der Tiger zahm?
Antwort: Nein, der Tiger ist nicht zahm.
Antwort: Er ist gefährlich.

Frage: Ist der Wolf zahm?
Antwort: Nein, der Wolf ist nicht zahm.
Antwort: Er ist gefährlich.

Frage: Ist der Hai zahm?
Antwort: Nein, der Hai ist nicht zahm.
Antwort: Er ist gefährlich.

! Verben (Tunwörter) sagen, was jemand tut oder was geschieht.
Sie haben einen Infinitiv (Grundform) und verschiedene Personalformen.
Beispiel: bellen, er bellt

8 Wo findest du diese Verben (Tunwörter) im Wörterbuch? Schreibe die Seitenzahlen dazu. Schreibe die Personalform zu den Verben (Tunwörtern).

~~bellen~~ ~~pflanzen~~ ~~krabbeln~~ ~~fliegen~~ ~~brüllen~~ ~~klettern~~

Grundform	Personalform	Seite
bellen	er bellt	63
brüllen	er brüllt	63
pflanzen	er pflanzt	66
klettern	sie klettert	65
fliegen	sie fliegt	64
krabbeln	sie krabbelt	65

9 Wo findest du die Grundformen zu den Verben (Tunwörtern) im Wörterbuch? Schreibe die Seitenzahlen dazu.

~~er quakt~~ ~~er streichelt~~ ~~es springt~~ ~~sie miaut~~ ~~sie frisst~~ ~~sie schleicht~~

Personalform	Grundform	Seite
sie frisst	fressen	64
er streichelt	streicheln	67
sie schleicht	schleichen	67
er quakt	quaken	66
sie miaut	miauen	66
es springt	springen	67

10 Sprich und schreibe Fragen und Antworten.

Frage: Was machen die Tiere auf dem Bauernhof?
Antwort: Das Schwein frisst.
Frage: Was machen die Tiere auf dem Bauernhof?
Antwort: Die Kuh säuft.
Frage: Was machen die Tiere auf dem Bauernhof?
Antwort: Der Hund knurrt.

Frage: Was machen die Tiere auf der Wiese?
Antwort: Die Ameise krabbelt.
Frage: Was machen die Tiere auf der Wiese?
Antwort: Der Frosch quakt.
Frage: Was machen die Tiere auf der Wiese?
Antwort: Der Schmetterling fliegt.
Frage: Was machen die Tiere auf der Wiese?
Antwort: Das Pferd springt.

Frage: Was machen die Tiere im Zoo?
Antwort: Der Affe klettert.
Frage: Was machen die Tiere im Zoo?
Antwort: Die Schlange kriecht.

11 Sprecht miteinander. Spielt ein Frage- und Antwortspiel. Schreibe deine Lösung auf die Linien.

Frage: Kennst du das Tier?
Es ist im Zoo.
Es ist stark.
Antwort: Das ist der Elefant.
Frage: Kennst du das Tier?
Es ist im Zoo.
Es ist stark.
Antwort: Das ist das Nilpferd.
Frage: Kennst du das Tier?
Es ist im Zoo.
Es ist gefährlich.
Antwort: Das ist der Löwe.
Frage: Kennst du das Tier?
Es ist im Zoo.
Es ist gefährlich.
Antwort: Das ist der Tiger.
Frage: Kennst du das Tier?
Es ist auf dem Bauernhof.
Es ist dick.
Antwort: Das ist das Schwein.

1 Schau dir das Situationsbild auf Seite 69 im Wörterbuch an.

2 Sprich die Wörter zu dem Bild und höre genau.

3 Schreibe die Wörter auf die Linien neben die Bilder.

der Blitz — der Regenbogen
der Schnee — die Sonne
der Wind — die Wolke

Nomen (Namenwörter) beginnen mit einem Großbuchstaben.
Beispiel: Wetter

4 Wo findest du die Wörter im Wörterbuch? Schreibe sie mit dem Artikel (Begleiter) auf und schreibe die Seitenzahlen dazu.

~~Temperatur~~ ~~Regen~~ ~~Schirm~~ ~~Sturm~~ ~~Wetter~~ ~~Himmel~~

Begleiter	Nomen	Seite
das	Wetter	71
der	Regen	71
der	Schirm	71
die	Temperatur	71
der	Sturm	71
der	Himmel	70

5 Finde das Bild zum Wort. Verbinde.

Wolke — Eis — Thermometer — Schirm — Schnee — Wetterbericht

6 Ordne die Nomen (Namenwörter) nach dem Abc. Achte auf den ersten Buchstaben. Schreibe den Artikel (Begleiter) dazu.

~~der Regen~~ ~~der Hagel~~ ~~die Wärme~~ ~~der Donner~~ ~~der Mond~~ ~~die Sonne~~ ~~der Nebel~~

der Donner
der Hagel
der Mond
der Nebel
der Regen
die Sonne
die Wärme

Mit einem Satz teilen wir etwas mit. Das erste Wort im Satz beginnt mit einem Großbuchstaben. Am Ende des Satzes steht ein Punkt .
Beispiel: Da ist der Blitz.

7 Sprich und schreibe Sätze.

Da ist der Blitz.
Da ist die Wolke.
Da ist die Sonne.
Da ist der Regen.
Da ist der Regenbogen.
Da ist der Stern.

Adjektive (Eigenschaftswörter) beschreiben, wie jemand oder etwas ist.
Beispiel: trocken

8 **Wo findest du diese Adjektive (Eigenschaftswörter) im Wörterbuch? Schreibe die Seitenzahlen dazu.**

~~warm~~ ~~trocken~~ ~~nass~~ ~~neblig~~ ~~sonnig~~ ~~windig~~ ~~heiß~~ ~~dunkel~~ ~~kalt~~ ~~hell~~

Adjektiv	Seite
trocken	71
warm	71
dunkel	70
sonnig	71
neblig	71
windig	72
kalt	70
hell	70
heiß	70
nass	70

Adjektive (Eigenschaftswörter) lassen sich steigern.
Beispiel: dunkel – dunkler

9 **Schreibe die Steigerungsformen zu diesen Adjektiven (Eigenschaftswörtern).**

Schreibe so: dunkel – dunkler (dunkel)

warm – wärmer (warm)

hell – heller (hell)

kalt – kälter (kalt)

Wir wollen etwas wissen und stellen eine **Frage**. Am Ende des Satzes steht ein **Fragezeichen** ?. Beispiel: Was ist am Himmel?

10 **Sprich und schreibe Fragen und Antworten.**

Frage: Was ist am Himmel?

Antwort: Am Himmel ist der Blitz.

Frage: Was ist am Himmel?

Antwort: Am Himmel ist die Wolke.

Frage: Was ist am Himmel?

Antwort: Am Himmel ist die Sonne.

Frage: Was ist am Himmel?

Antwort: Am Himmel ist der Regenbogen.

11 **Sprecht miteinander. Spielt ein Frage- und Antwortspiel. Schreibe deine Lösung auf die Linien.**

Frage: Wie ist das Wetter?

Antwort: Es ist sonnig.

Frage: Wie ist das Wetter?

Antwort: Es ist windig.

Frage: Wie ist das Wetter?

Antwort: Es ist heiß.

Frage: Wie ist das Wetter?

Antwort: Es ist bewölkt.

Das Alphabet in lateinischen und arabischen Buchstaben

A	a	ا
B	b	ب
C	c	ك
D	d	د
E	e	إه
F	f	ف
G	g	غ
H	h	ه
I	i	ي
J	j	ي
K	k	ك
L	l	ل
M	m	م
N	n	ن
O	o	أُ
P	p	پ

Q	q	ق
R	r	ر
S	s	س
T	t	ت
U	u	و
V	v	ف
W	w	ڤو
X	x	سكْ
Y	y	ي
Z	z	ز

SCH	sch	ش
CH	ch	خ
IE	ie	ي
EI	ei	آي
EU	eu	أُي

Hinweis: Als Basis für Übersetzungen oder die zuverlässige Übertragung von Namen in das jeweils andere Alphabet kann die Tabelle nicht dienen. Bestimmte Laute des einen Alphabets lassen sich nämlich nicht korrekt mit den Buchstaben des anderen Alphabets ausdrücken.

Die Zahlen 0 bis 1000000

0	null	٠
1	eins	١
2	zwei	٢
3	drei	٣
4	vier	٤
5	fünf	٥
6	sechs	٦
7	sieben	٧
8	acht	٨
9	neun	٩
10	zehn	١٠
11	elf	١١
12	zwölf	١٢
13	dreizehn	١٣
14	vierzehn	١٤
15	fünfzehn	١٥
16	sechzehn	١٦
17	siebzehn	١٧
18	achtzehn	١٨
19	neunzehn	١٩

20	zwanzig	٢٠
30	dreißig	٣٠
40	vierzig	٤٠
50	fünfzig	٥٠
60	sechzig	٦٠
70	siebzig	٧٠
80	achtzig	٨٠
90	neunzig	٩٠
100	hundert	١٠٠
1 000	tausend	١٠٠٠
1 000 000	eine Million (1 Mio.)	١٠٠٠٠٠٠

Nomen (Namenwörter) gibt es in der **Einzahl** und in der **Mehrzahl**.
Beispiel: die Banane, die Bananen

9 **Wo findest du die Wörter im Wörterbuch? Schreibe sie mit dem Artikel (Begleiter) in der Einzahl und in der Mehrzahl.**

Brot	~~Banane~~	Flasche
Kirsche	Möhre	Suppe
Tomate	Traube	Zwiebel
Melone	Nudel	Kiwi
Löffel	Gabel	Glas
Messer	Teller	Tasse

Begleiter	Einzahl	Begleiter	Mehrzahl
die	Banane	die	Bananen

10  **Sprich und schreibe Fragen und Antworten.**

Wo ist  der Tee?

Der Tee ist in der  Kanne.

Wo ist  ______ Brot?

______ ______ ist auf dem 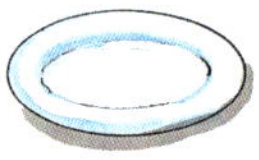 Teller.

Wo ist  ______ Joghurt?

______ ______ ist auf dem  ______.

Wo ist  ______ Schokolade?

______ ______ ist auf dem 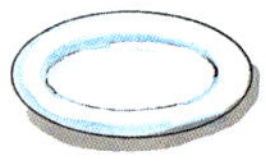 ______.

Wo ist  ______ Fleisch?

______ ______ ist auf dem  ______.

Wo ist  ______ Apfel?

______ ______ ist auf dem  ______.

Wo sind  die Kartoffeln?

______ ______ sind in der  Schüssel.

Wo sind  ______ Früchte?

______ ______ sind in der  ______.

Wo sind  ______ ______?

______ ______ sind in der  ______.

 Aussagesatz und Fragesatz verwenden, Nomen in Einzahl und Mehrzahl im Wörterbuch finden

11 **Sprich und schreibe Fragen und Antworten. Schreibe die Nomen (Namenwörter) ohne Artikel (Begleiter).**

Frage: Was trinkt ihr? **Antwort:** Wir trinken  Milch.

Was ________ ihr? Wir ________  ________.

Was ________ ________? Wir ________  ________.

Was ________ ________? Wir ________  ________.

Schreibe die Mehrzahl.

Frage: Was esst ihr? **Antwort:** Wir essen  Bananen.

Was esst ________? Wir ________  ________.

Was ________ ________? Wir ________  ________.

Was ________ ________? Wir ________  ________.

12 **Sprecht miteinander. Spielt ein Frage- und Antwortspiel. Schreibe deine Lösung auf die Linien.**

Ich habe  Hunger. Was möchtest du essen?

Ich möchte  die Nudeln essen.

Ich möchte  ________ ________.

Ich möchte  ________ ________.

Ich möchte  ________ ________.

Ich möchte  die Gurke nicht essen.

Ich möchte  ________ nicht ________.

Ich möchte  ________ ________ ________.

Ich möchte  ________ ________ ________.

9 Einkaufen und Straßenverkehr

1 Schau dir das Situationsbild auf Seite 41 im Wörterbuch an.

2 Sprich die Wörter zu dem Bild und höre genau.

3 Schreibe die Wörter auf die Linien neben die Bilder.

 der Supermarkt

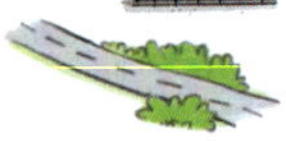 ______________________

 ______________________

 ______________________

 ______________________

 ______________________

 ______________________

 ______________________

 ______________________

! **Nomen** (Namenwörter) beginnen mit einem Großbuchstaben.
Beispiel: Geld

4 Wo findest du die Wörter im Wörterbuch? Schreibe sie mit dem Artikel (Begleiter) auf und schreibe die Seitenzahlen dazu.

~~Leute~~ Stadt
Gehweg Bäcker
Verkehr Schild

	Begleiter	Nomen	Seite
	die	Leute	43

5 **Finde das Bild zum Wort. Verbinde.**

Kaufhaus **Fahrrad** **Bushaltestelle** **Eisdiele** **Kino** **Bäcker** **Preis** **Stadt**

> **!** Mit einem **Satz** teilen wir etwas mit. Das erste Wort im Satz beginnt mit einem Großbuchstaben. Am Ende des Satzes steht ein **Punkt** [.].
> Beispiel: Ich suche das Kino.

6 **Sprich und schreibe Sätze.**

Ich  suche  das Kino.

Das Kino ist in  der Stadt.

Ich suche  die ______________________.

 ______ ______________________ ist in der Stadt.

Ich suche  das ______________________.

 ______ ______________________ ist in der Stadt.

Ich suche  die ______________________.

 ______ ______________________ ist in der Stadt.

Ich suche  die ______________________.

 ______ ______________________ ist in der Stadt.

Ich suche  die ______________________.

 ______ ______________________ ist in der Stadt.

! Verben (Tunwörter) sagen, was jemand tut oder was geschieht. Sie haben einen Infinitiv (Grundform) und verschiedene Personalformen. Beispiel: helfen, er hilft

7 Wo findest du diese Verben (Tunwörter) im Wörterbuch? Schreibe die Seitenzahlen dazu. Schreibe die Personalform zu den Verben (Tunwörtern).

~~warten~~ suchen
zahlen rennen machen
kaufen bezahlen

Grundform	Personalform	Seite
warten	sie wartet	45

8 Wo findest du die Grundformen zu den Verben (Tunwörtern) im Wörterbuch? Schreibe die Seitenzahlen dazu.

er kauft ein es kostet
~~er bringt~~ er hält
er kauft er fährt

Personalform	Grundform	Seite
er bringt	bringen	42

9 **Ordne die Nomen (Namenwörter) nach dem Abc. Achte auch auf den zweiten Buchstaben.**

die Fahrt

~~die Bank~~

die Feuerwehr

der Metzger

der Markt

der Platz

der Bus

die Polizei

das Taxi

die Bank

_____ ____________________

_____ ____________________

_____ ____________________

_____ ____________________

_____ ____________________

_____ ____________________

_____ ____________________

_____ ____________________

! Wir wollen etwas wissen und stellen eine **Frage**. Am Ende des Satzes steht ein **Fragezeichen** ? . Beispiel: Wohin fährt Anna?

10 **Sprich und schreibe Fragen und Antworten.**

Frage: Wohin fährt Albina?

Antwort: Albina ____________ in die Stadt.

Frage: Wohin fährt Ali?

Antwort: Ali ____________ in ____________.

Frage: Wohin ____________ Eva?

Antwort: Eva ____________ in das ____________.

Frage: Wohin ____________ Tim?

Antwort: Tim ____________ in ____________.

> **Adjektive** (Eigenschaftswörter) beschreiben, wie jemand oder etwas ist.
> Beispiel: laut

11 **Wo findest du diese Adjektive (Eigenschaftswörter) im Wörterbuch? Schreibe die Seitenzahlen dazu.**

~~laut~~ schnell teuer leise leicht schwer billig langsam

	Adjektiv	Seite
	laut	43

12 **Sprich und schreibe Sätze.**

 Der Verkehr ist  laut.

 ______ ______ ist  ______.

 ______ ______ ist  ______.

 ______ ______ ist  ______.

 ______ ______ ist  ______.

 ______ ______ ist  ______.

 ______ ______ ist 

______.

 ______ ______ ist 

______.

13 Sprich und schreibe Fragen und Antworten.

Frage: Wo  hält  der Bus?

Antwort: Hier  hält  der Bus. Hier ist die  Bushaltestelle.

Frage: Wo  ______________  ______ ______________?

Antwort: Hier  ______________  ______ ______________.

Hier ist  ______ ______________.

Frage: Wo  ______________  ______ ______________?

Antwort: Hier  ______________  ______ ______________.

Hier ist  ______ ______________.

14 Sprecht miteinander. Spielt ein Frage- und Antwortspiel. Schreibe deine Lösung auf die Linien.

Frage: Was möchtest du  kaufen?

Antwort: Ich möchte bitte  das Fahrrad kaufen.

Frage: Was kostet  das ______________?

Antwort: Das Fahrrad kostet 100 Euro.

Frage: Was möchtest du  ______________?

Antwort: Ich möchte bitte  ______________ kaufen.

Frage: Was kostet  die ______________?

Antwort:  ______________ kostet 5 Euro.

Frage: Was möchtest du  ______________?

Antwort: Ich möchte bitte  ______________ kaufen.

Frage: Was kostet  die ______________?

Antwort:  ______________ kostet 3,50 Euro.

10 Kleidung

1 Schau dir das Situationsbild auf Seite 46 im Wörterbuch an.

2 Sprich die Wörter zu dem Bild und höre genau.

3 Schreibe die Wörter auf die Linien neben die Bilder.

die Jacke

____

____

____

____

____

____

____

____

____

> **!** Nomen (Namenwörter) beginnen mit einem Großbuchstaben.
> Beispiel: Hose

4 Wo findest du die Wörter im Wörterbuch? Schreibe sie mit dem Artikel (Begleiter) auf und schreibe die Seitenzahlen dazu.

Handschuh ~~Gürtel~~
Knopf Reißverschluss
Kleidung Unterhemd

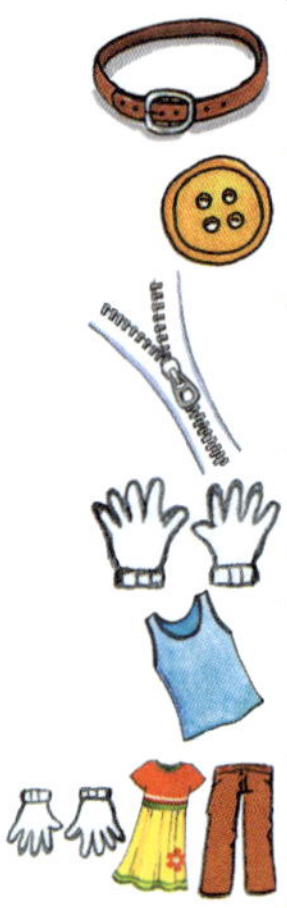

Begleiter	Nomen	Seite
der	Gürtel	47

Kernwortschatz des Situationsbildes kennenlernen

5 **Finde zu den Bildern die Wörter im Wörterbuch und schreibe mit zwei Farben. Ordne die Wörter nach den Silben.**

Wörter mit drei Silben	Wörter mit vier Silben
Un - ter - hemd	Ba - de - an - zug

!

Mit einem **Satz** teilen wir etwas mit. Das erste Wort im Satz beginnt mit einem Großbuchstaben. Am Ende des Satzes steht ein **Punkt** [.].
Beispiel: Laura hat die Jacke an.

6 **Sprich und schreibe Sätze.**

Laura hat  die Jacke an.

Sie hat  ______ an.

Sie hat  ______ an.

Sie hat  ______ an.

Sie hat  ______ an.

Lorenz hat  ______ an.

Er hat  ______.

Er hat  ______.

Er hat  ______.

Er hat  ______.

> **!** Vor **Nomen** (Namenwörtern) stehen oft **unbestimmte Artikel** (Begleiter). Beispiel: ein Hut

7 Sprich und schreibe Sätze.

	der	Hut	Das ist	ein	Hut.
	der	Badeanzug	Das ist	___	___.
	___	___	Das	___	___.
	___	___	___	___	___.
	___	___	___	___	___.
	___	___	___	___	___.
	___	___	___	___	___.
	das	T-Shirt	Das ist	ein	T-Shirt.
	das	___	Das ist	___	___.
	___	___	Das	___	___.
	___	___	Das	___	___.
	die	Bluse	Das ist	eine	Bluse.
	die	___	Das	___	___.
	___	___	Das	___	___.
	___	___	___	___	___.
	___	___	___	___	___.
	___	___	___	___	___.
	___	___	___	___	___.

Adjektive (Eigenschaftswörter) beschreiben, wie jemand oder etwas ist.
Beispiel: neu

8 **Wo findest du diese Adjektive (Eigenschaftswörter) im Wörterbuch? Schreibe die Seitenzahlen dazu.**

dünn kariert schön neu
dick ~~gepunktet~~ weit
gestreift hässlich eng

	Adjektiv	Seite
	gepunktet	47

Adjektive (Eigenschaftswörter) lassen sich steigern.
Beispiel: grob, gröber

9 **Schreibe die Steigerungsform zu diesen Adjektiven (Eigenschaftswörtern). Schreibe so:**

grob – gröber

~~grob~~
kalt
kurz
lang
weit

10 Kleidung

Verben (Tunwörter) sagen, was jemand tut oder was geschieht.
Sie haben einen Infinitiv (Grundform) und verschiedene Personalformen. Beispiel: anhaben, er hat an

10 **Wo findest du die Personalformen zu den Verben (Tunwörtern) im Wörterbuch? Schreibe die Seitenzahlen dazu.**

aufsetzen zubinden
~~anhaben~~ einpacken
tragen waschen

Grundform	Personalform	Seite
anhaben	er hat an	47

Nomen (Namenwörter) gibt es in der **Einzahl** und in der **Mehrzahl**.
Beispiel: die Socke, die Socken

11 **Wo findest du die Wörter im Wörterbuch? Schreibe sie mit Artikel (Begleiter) in der Einzahl und in der Mehrzahl.**

Kleid Schuh
T-Shirt ~~Socke~~
Strumpf Ring

Begleiter	Einzahl	Begleiter	Mehrzahl
die	Socke	die	Socken

12 **Finde verschiedene Namen für Schuhe im Wörterbuch.**
Schreibe sie in der Einzahl und in der Mehrzahl auf.

der Schuh, die Schuhe

____

____

____

____

> **!** Wir wollen etwas wissen und stellen eine Frage.
> Am Ende des Satzes steht ein **Fragezeichen** ?.
> Beispiel: Was packt Lorena ein?

13 **Sprecht miteinander. Spielt ein Frage- und Antwortspiel.**
Schreibe deine Lösung auf die Linien.

Frage: Was  packt Lorena ein?

Antwort: Sie packt  die Kleider ein.

Frage: Was  ____________ sie ____________?

Antwort: Sie ____________  ____________ ein.

Frage: Was  ____________ sie ____________?

Antwort: Sie ____________  ____________ ein.

Frage: Was  packt Isdri ein?

Antwort: Er packt  die T-Shirts ein.

Frage: Was  ____________ er ____________?

Antwort: Er ____________  ____________ ein.

Frage: Was  ____________ er ____________?

Antwort: Er ____________  ____________ ein.

Mein Körper

1 Schau dir das Situationsbild auf Seite 50 im Wörterbuch an.

2 Sprich die Wörter zu dem Bild und höre genau.

3 Schreibe die Wörter auf die Linien neben die Bilder.

 der Arm

 ______________________

 ______________________

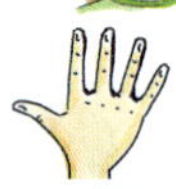 ______________________

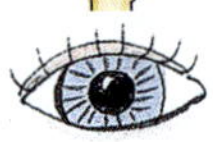 ______________________

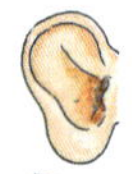 ______________________

 ______________________

 ______________________

 ______________________

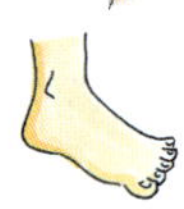 ______________________

!

Nomen (Namenwörter) beginnen mit einem Großbuchstaben.
Beispiel: Körper

4 Wo findest du die Wörter im Wörterbuch? Schreibe sie mit dem Artikel (Begleiter) auf und schreibe die Seitenzahlen dazu.

Rücken Hals
~~Körper~~ Knie
Haut Kopf

Begleiter	Nomen	Seite
der	Körper	52

5 Finde zu jedem Wort den Nachfolger des Wortes im Wörterbuch.

Wort	Nachfolger
der Arm, die Arme	das Auge, die Augen
glatt	
weich	
rau	
die Haut	
das Kinn	
liegen, er liegt	
der Fuß, die Füße	
die Nase, die Nasen	

! Mit einem **Satz** teilen wir etwas mit. Das erste Wort im Satz beginnt mit einem Großbuchstaben. Am Ende des Satzes steht ein **Punkt** [.].
Beispiel: Die Nase ist im Gesicht.

6 Sprich und schreibe Sätze.

Die Nase ist im Gesicht.

____________________ ist im Gesicht.

____________________ ist im Gesicht.

____________________ ist im Gesicht.

____________________ ist ein Körperteil.

____________________ ist ein Körperteil.

____________________ ist ein Körperteil.

____________________ ist ein Körperteil.

Verben (Tunwörter) sagen, was jemand tut oder was geschieht.
Sie haben einen Infinitiv (Grundform) und verschiedene Personalformen.
Beispiel: bürsten, sie bürstet

7 **Wo findest du diese Verben (Tunwörter) im Wörterbuch? Schreibe die Seitenzahlen dazu. Schreibe die Personalform zu den Verben (Tunwörtern).**

rennen ~~bürsten~~ hören winken liegen sitzen

Grundform	Personalform	Seite
bürsten	sie bürstet	51

8 **Wo findest du die Grundform zu den Verben (Tunwörtern) im Wörterbuch? Schreibe die Seitenzahlen dazu.**

er spricht sie riecht er gähnt sie sieht ~~sie tastet~~ sie hüpft

Personalform	Grundform	Seite
sie tastet	tasten	53

Wir wollen etwas wissen und stellen eine **Frage**. Am Ende des Satzes steht ein **Fragezeichen** ?. Beispiel: Was kann die Zunge?

9  **Sprich und schreibe Fragen und Antworten.**

Frage: Was kann  die Zunge?

Antwort: Die Zunge kann  schmecken.

Frage: Was kann  ______________________?

Antwort: Die ________________ kann  ______________________.

Frage: Was kann 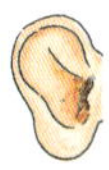 ______________________?

Antwort: Das ________________ kann  ______________________.

Frage: Was kann 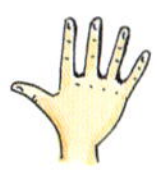 __________________________?

Antwort: Die ________________ kann  ______________________.

Frage: Was kann  __________________________?

Antwort: Der ________________ kann  ______________________.

Frage: Was kann  __________________________?

Antwort: ________________________________  ______________________.

Frage: Was ________________  ______________________?

Antwort: ________________________________  ______________________.

Frage: ______________________  ______________________?

Antwort: ________________________________  ______________________.

Frage: ______________________ 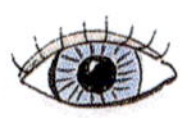 ______________________?

Antwort: ________________________________  ______________________.

10 Sprich die Wörter und höre genau. Schreibe in Silben und in zwei Farben.

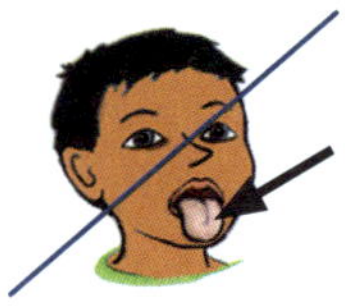  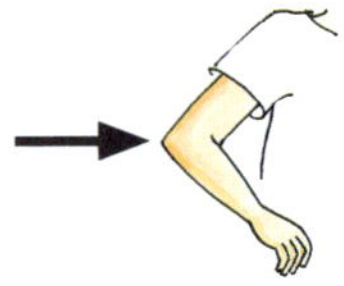 

 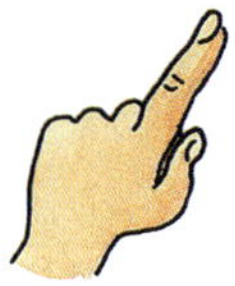  

Zun - ge, ______________________________

____

____

____

11 Finde im Wörterbuch alle Nomen (Namenwörter) mit einer Silbe zum Thema „Mein Körper“. Ordne sie nach dem Abc.

der	Arm	___	___
___	___	___	___
___	___	___	___
___	___	___	___
___	___	___	___
___	___	___	___
___	___	___	___
___	___	___	___
___	___		

Vor **Nomen** (Namenwörtern) stehen oft **unbestimmte Artikel** (Begleiter). Beispiel: ein Spiegel

12 **Sprich und schreibe Sätze.**

	der Spiegel	Das ist	ein	Spiegel	.
	das Kinn	Das ist	ein	Kinn	.
	der Hals	Das ist	____	____	.
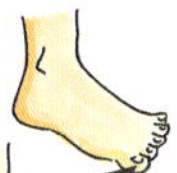	der Zeh	Das ist	____	____	.
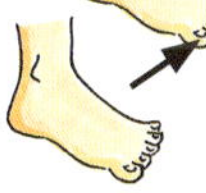	der Fuß	Das	____	____	.
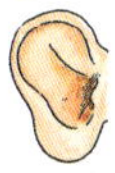	das Ohr	Das	____	____	.
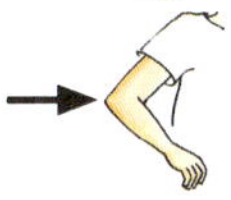	der Ellbogen	Das	____	____	.

13 **Sprecht miteinander.**
Spielt ein Frage- und Antwortspiel.
Schreibe deine Lösung auf die Linien.

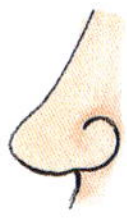

Frage: Hast du eine Nase?

Antwort: Ja, ich habe eine Nase.

Frage: Hast du eine ____________________?

Antwort: Ja, ____________________________________.

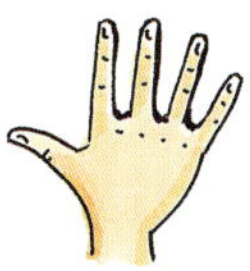

Frage: Hast du eine ____________________?

Antwort: Ja, ____________________________________.

Frage: Hast du eine ____________________?

Antwort: ____________________________________.

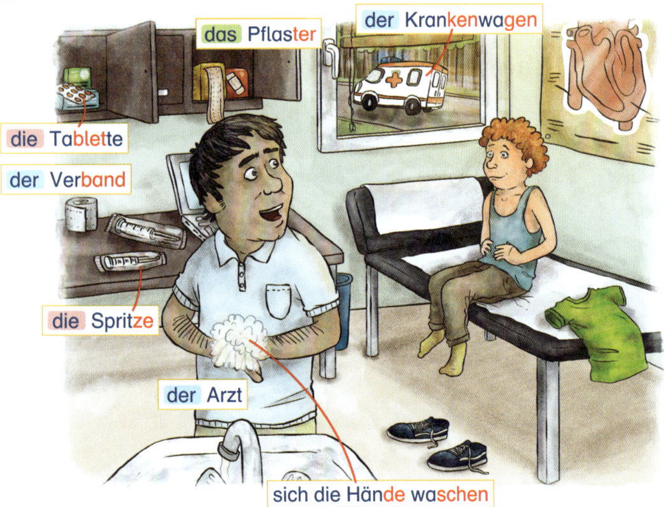

1 Schau dir das Situationsbild auf Seite 54 im Wörterbuch an.

2 Sprich die Wörter zu dem Bild und höre genau.

3 Schreibe die Wörter auf die Linien neben die Bilder.

 der Arzt

 ____________

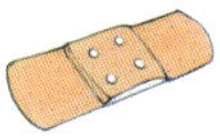 ____________

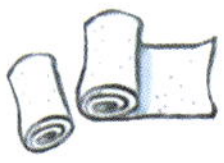 ____________

 ____________

 ____________

 ____________

! **Nomen** (Namenwörter) beginnen mit einem Großbuchstaben.
Beispiel: Gesundheit

4 Wo findest du die Wörter im Wörterbuch? Schreibe sie mit dem Artikel (Begleiter) auf und schreibe die Seitenzahlen dazu.

Krankheit Verband
Krankenbett Medizin
Seife ~~Gesundheit~~

	Begleiter	Nomen	Seite
	die	Gesundheit	55

5 **Finde das Bild zum Wort. Verbinde.**

Pflaster **sauber** **Handtuch** **dreckig** **Shampoo** **Pille**

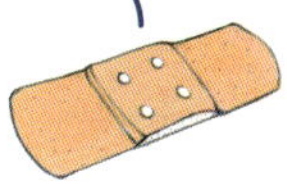

6 **Finde zu jedem Wort den Vorgänger des Wortes im Wörterbuch.**

Vorgänger	Wort
der Kamm, die Kämme	**kämmen, er kämmt**
	verbinden, er verbindet
	schlucken, er schluckt
	gut, besser
	der Föhn, die Föhne
	die Ärztin, die Ärztinnen
	zeigen, sie zeigt

!

Mit einem **Satz** teilen wir etwas mit. Das erste Wort im Satz beginnt mit einem Großbuchstaben. Am Ende des Satzes steht ein **Punkt** . .
Beispiel: Peter ist krank.

7 **Sprich und schreibe Sätze.**

Peter ist  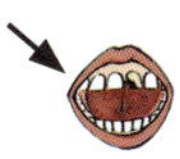 krank. Er braucht eine  Medizin.

Er braucht ein 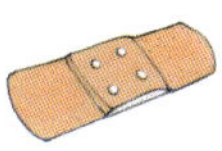 ______________________.

Er ______________________  ______________________.

Er braucht eine  ______________________.

8 **Setze aus den Silben Wörter zusammen. Schreibe die Wörter mit zwei Farben.**

~~Fie~~	Ver	Krank	Sei	Sham	Sprit
band	heit	~~ber~~	ze	fe	poo

Fieber

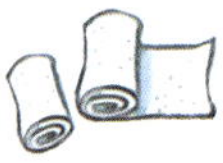
____

____

____

____

____

!

Wir wollen etwas wissen und stellen eine **Frage**.
Am Ende des Satzes steht ein **Fragezeichen** ?.
Beispiel: Was tun wir im Krankenhaus?

9 **Sprich und schreibe Fragen und Antworten.**

Was tun wir im 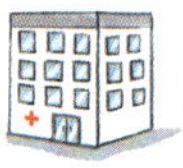 Krankenhaus?

Wir  zeigen die Krankheit.

Wir  ____________________ uns.

Wir  ____________________ Medizin.

Wir  ____________________ Tabletten.

Wir  ____________________ den Arzt.

Wir  ____________________ dem Arzt.

Wir werden 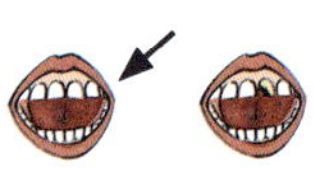 ____________________.

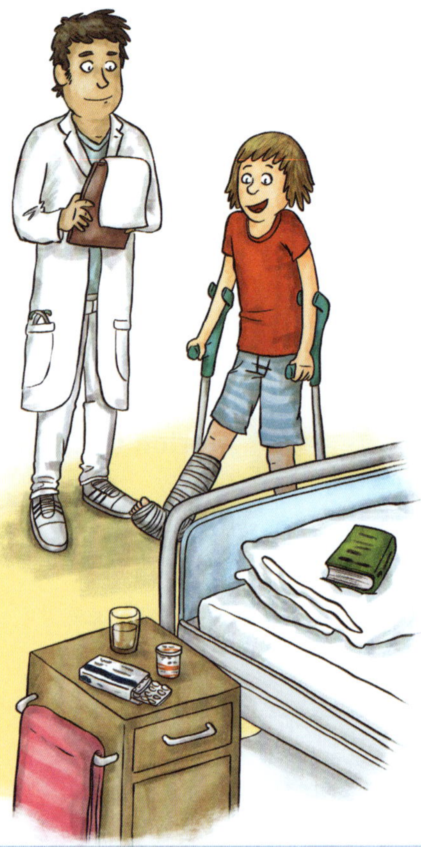

Verben (Tunwörter) sagen, was jemand tut oder was geschieht.
Sie haben einen Infinitiv (Grundform) und verschiedene Personalformen.
Beispiel: bleiben, er bleibt

10 **Wo findest du diese Verben (Tunwörter) im Wörterbuch? Schreibe die Seitenzahlen dazu. Schreibe die Personalform zu den Verben (Tunwörtern).**

sagen ~~bleiben~~ pflegen kämmen antworten fragen

Grundform	Personalform	Seite
bleiben	er bleibt	55

11 **Wo findest du die Grundform zu diesen Verben (Tunwörtern) im Wörterbuch? Schreibe die Seitenzahlen dazu.**

sie zeigt sie nimmt er schluckt er fällt ~~sie putzt~~ sie föhnt

Personalform	Grundform	Seite
sie putzt	putzen	56

12 Gesundheit

! **Adjektive** (Eigenschaftswörter) beschreiben, wie jemand oder etwas ist.
Beispiel: neu

12 **Wo findest du diese Adjektive (Eigenschaftswörter) im Wörterbuch? Schreibe die Seitenzahlen dazu.**

~~gut~~ gesund
schmutzig
krank sauber

	Adjektiv	Seite
	gut	55

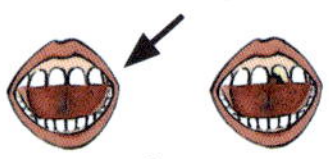		
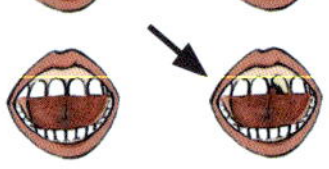		

13 **Sprich und schreibe Fragen und Antworten.**

Frage: Wie ist  das Handtuch?

Antwort:  ______________________ ist  ______________________.

Frage: Wie ist  ______________________?

Antwort: 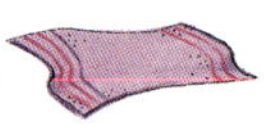 ______________________ ist  ______________________.

Frage: Wie ________  ______________________?

Antwort:  ______________________ ist nicht  ____________.

Frage: Wie ________ 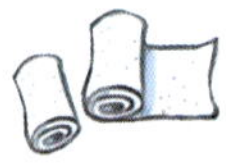 ______________________?

Antwort:  ______________________ ist nicht  ______________________.

Frage: Wie ________ 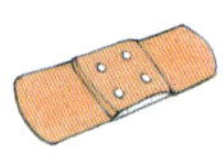 ______________________?

Antwort: 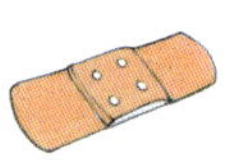 ______________________ ist nicht  ____________.

Antwort: 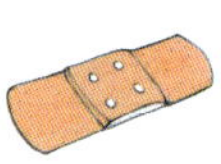 ______________________ ist  ______________________.

14 **Sprecht miteinander.
Spielt ein Frage- und Antwortspiel.
Schreibe deine Lösung
auf die Linien.**

Frage: Was hast du?

Antwort: Es geht mir schlecht. Ich bin krank.

Frage: Was ______________________?

Antwort: Es geht mir ______________.

Ich bin ______________________.

Frage: Wie geht es dir?

Antwort: Es geht mir nicht ______________.

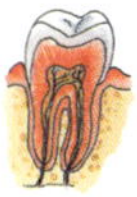 Der __________________ tut weh.

Frage: Wie geht es dir?

Antwort: Es geht mir nicht ______________.

 ______________________ tut weh.

Frage: Wie geht es dir?

Antwort: Es geht mir ______________.

Ich bin wieder ______________________.

1 Schau dir das Situationsbild auf Seite 58 im Wörterbuch an.

2 Sprich die Wörter zu dem Bild und höre genau.

3 **Schreibe die Wörter auf die Linien neben die Bilder.**

 das Wohnzimmer

 ____________

 ____________

 ____________

 ____________

 ____________

 ____________

 ____________

 ____________

 ____________

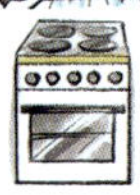 ____________

! **Nomen** (Namenwörter) beginnen mit einem Großbuchstaben.
Beispiel: Haus

4 **Wo findest du die Wörter im Wörterbuch? Schreibe sie mit dem Artikel (Begleiter) auf und schreibe die Seitenzahlen dazu.**

Toilette Zimmer
Fernseher
Schlafzimmer ~~Haus~~

	Begleiter	Nomen	Seite
	das	Haus	60

5 Ordne die Nomen (Namenwörter) nach dem Abc. Achte auf den ersten Buchstaben. Schreibe den Artikel (Begleiter) dazu.

das Telefon

die Ecke

~~das Bett~~

der Garten

die Wand

der Sessel

der Keller

das Bett

______ ____________________

______ ____________________

______ ____________________

______ ____________________

______ ____________________

______ ____________________

!

Mit einem **Satz** teilen wir etwas mit. Das erste Wort im Satz beginnt mit einem Großbuchstaben. Am Ende des Satzes steht ein **Punkt** .
Beispiel: Im Wohnzimmer ist das Regal.

6 Sprich und schreibe Sätze.

 Im Wohnzimmer ist  das Regal.

 Im Wohnzimmer ist  ____________________.

 Im ____________________ ist  ____________________.

 Im ____________________ ist  ____________________.

 Im ____________________ ist  ____________________.

 Im ____________________ ist  ____________________.

 Im ____________________ ist  ____________________.

 Im ____________________ ist  ____________________.

 Im ____________________ ist  ____________________.

> **!** Wir wollen etwas wissen und stellen eine **Frage**. Am Ende des Satzes steht ein **Fragezeichen** ?. Beispiel: Wo ist das Regal?

7 Sprich und schreibe Fragen und Antworten.

Frage: Wo ist  das Regal?

Antwort:  Das Regal ist im  Wohnzimmer.

Frage: Wo ist  ______________________?

Antwort:  Das ______________ ist im  Wohnzimmer.

Frage: Wo ist  ______________________?

Antwort:  ______________________ ist im  ______________________.

Frage: Wo ______  ______________________________?

Antwort:  ________________________________

ist im  ____________________________.

8 Sprich und schreibe Fragen und Antworten.

Frage: Ist  die Toilette im  Wohnzimmer?

Antwort: Nein,  ________________________ ist nicht im  Wohnzimmer.

Frage: Ist  ____________________________  ________________________?

Antwort: Nein,  ______________________________

ist nicht im  ____________________________.

Frage: Ist  ____________________________  ________________________?

Antwort: Nein,  ______________________________

ist nicht im  ____________________________.

! Vor **Nomen** (Namenwörtern) stehen oft **unbestimmte Artikel** (Begleiter).
Beispiel: ein Bad

9 Schreibe die Nomen (Namenwörter) mit unbestimmten Artikeln (Begleitern).

das Bad	ein Bad
das Haus	
das Wohnzimmer	
das Dach	
die Küche	eine Küche
die Garage	
der Garten	ein Garten
der Brief	
der Briefkasten	

10 Sprich und schreibe Sätze.

Unser  Haus hat ein  Bad.

Unser  ______ hat ______  ______.

Unser  ______ hat ______  ______.

Unser  ______ hat ______  ______.

Unser  ______ hat ______  ______.

Unser  ______ hat ______ 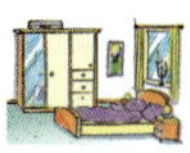 ______.

Unser  ______ hat ______  ______.

Unser  ______ hat ______  ______.

! Diese Wörter sind **Präpositionen**: **an, auf, bei, bis, hinter, in, mit, nach, neben, seit, über, unter, von, vor, wegen, zu, zwischen**.
Sie antworten auf Fragen.
Beispiel: **Wo** ist Papa? Papa steht **vor** der Garage.

11 **Wo findest du diese Präpositionen im Wörterbuch? Schreibe die Seitenzahlen auf.**

	Präposition	Seite
	an	
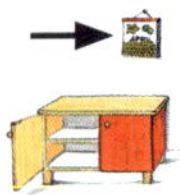		

	Präposition	Seite
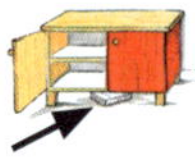		
	bis	

12 **Sprich und schreibe Fragen und Antworten.**

Frage: Wo  steht Hassan?

Antwort: Er  steht ______ an ______ dem  Waschbecken.

Frage: Wo  ______ Papa?

Antwort: Er  ______ ______ dem  Herd.

Frage: Wo  ______  ______?

Antwort: Sie  ______ ______ dem  Haus.

Frage: Wo  hängt ______  ______?

Antwort: Es  ______ 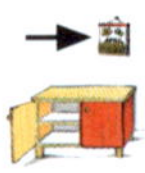 ______ dem  Schrank.

Frage: Wo  ______  ______?

Antwort: Sie  ______ 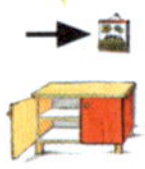 ______ dem  Bett.

13 **Sprich und schreibe Fragen und Antworten. Überlege selbst.**

Frage: Was ist in der  Küche?

Antwort: In der  Küche ist  ____________________.

In der Küche ist ____________________

____________________.

Frage: Was ist im  Bad?

Antwort: Im  Bad ist  ____________________.

Im Bad ist ____________________

____________________.

Frage: Was ist im  Wohnzimmer?

Antwort: Im  Wohnzimmer ist  ____________________.

____

____

____________________.

14 **Sprecht miteinander.**
Spielt ein Frage- und Antwortspiel.
Schreibe deine Lösung
auf die Linien.

Frage: Wo wohnt ihr?

Antwort: Wir  wohnen in  Deutschland.

Frage: Wo  wohnt Hassan?

Antwort: Er  ____________________ in  ____________________.

14 Tiere und Pflanzen

1 Schau dir das Situationsbild auf Seite 62 im Wörterbuch an.

2 Sprich die Wörter zu dem Bild und höre genau.

3 Schreibe die Wörter auf die Linien neben die Bilder.

 der Baum ____________

 ____________

 ____________

 ____________

 ____________

 ____________

 ____________

 ____________

 ____________

 ____________

 ____________

! **Nomen** (Namenwörter) beginnen mit einem Großbuchstaben.
Beispiel: Blume

4 Wo findest du die Wörter im Wörterbuch? Schreibe sie mit dem Artikel (Begleiter) auf und schreibe die Seitenzahlen dazu.

Pflanze ~~Blume~~
Tier Futter
Bauernhof

	Begleiter	Nomen	Seite
	die	Blume	63

! Mit einem **Satz** teilen wir etwas mit.
Das erste Wort im Satz beginnt mit einem Großbuchstaben.
Am Ende des Satzes steht ein **Punkt** .
Beispiel: Der Hase ist zahm.

5 Sprich und schreibe Sätze.

Der Hase ist zahm.

_______________ ist zahm.

_______________ ist _______________.

_______________ ist _______________.

_______________ ist _______________.

_______________ ist _______________.

_______________ ist _______________.

! Vor **Nomen** (Namenwörtern) stehen oft **unbestimmte Artikel** (Begleiter).
Beispiel: eine Kuh

6 Sprich und schreibe die Wörter.

die Kuh	eine Kuh,	viele Kühe
die Gans		viele
die Kröte		
die Maus		
der Hirsch		
der Fuchs		
der Käfer		

14 Tiere und Pflanzen

Wir wollen etwas wissen und stellen eine **Frage**. Am Ende des Satzes steht ein **Fragezeichen** ?. Beispiel: Ist der Hase zahm?

7 **Sprich und schreibe Fragen und Antworten.**

Frage: Ist der Hase zahm?

Antwort: Ja, der Hase ist zahm.

Antwort: Er ist nicht gefährlich.

Frage: Ist das Schwein zahm?

Antwort: Ja, ______________ ist ______________.

Antwort: Es ist nicht ______________.

Frage: Ist ______________ ______________?

Antwort: Ja, ______________ ist ______________.

Antwort: Er ist nicht ______________.

Frage: Ist ______________ ______________?

Antwort: Nein, der Tiger ist nicht ______________.

Antwort: Er ______________ ______________.

Frage: Ist ______________ ______________?

Antwort: Nein, ______________ ist nicht ______________.

Antwort: Er ______________ ______________.

Frage: Ist ______________ ______________?

Antwort: Nein, ______________ ist nicht ______________.

Antwort: Er ______________ ______________.

! **Verben** (Tunwörter) sagen, was jemand tut oder was geschieht.
Sie haben einen Infinitiv (Grundform) und verschiedene Personalformen.
Beispiel: bellen, er bellt

8 **Wo findest du diese Verben (Tunwörter) im Wörterbuch? Schreibe die Seitenzahlen dazu. Schreibe die Personalform zu den Verben (Tunwörtern).**

~~bellen~~ pflanzen
krabbeln fliegen
brüllen klettern

	Grundform	Personalform	Seite
	bellen	er bellt	63

9 **Wo findest du die Grundformen zu den Verben (Tunwörtern) im Wörterbuch? Schreibe die Seitenzahlen dazu.**

er quakt er streichelt
es springt sie miaut
~~sie frisst~~ sie schleicht

	Personalform	Grundform	Seite
	sie frisst	fressen	64

10  **Sprich und schreibe Fragen und Antworten.**

Frage: Was machen  die Tiere ____________ auf dem  Bauernhof?

Antwort:  Das Schwein  frisst.

Frage: Was ____________  ____________

auf dem  ____________?

Antwort: Die  ____________  ____________.

Frage: Was ____________  ____________

auf dem  ____________?

Antwort: Der  ____________ 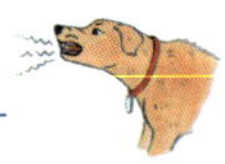 ____________.

Frage: Was machen  ____________ auf der  Wiese ____________?

Antwort:  Die ____________  ____________.

Frage: Was ____________  ____________ auf der  ____________?

Antwort:  ____________  ____________.

Frage: Was ____________  ____________ auf der  ____________?

Antwort:  ____________  ____________.

Frage: Was ____________  ____________ auf der  ____________?

Antwort:  ____________  ____________.

Frage: Was machen  ____________ im  Zoo ____________?

Antwort:  ____________  ____________.

Frage: Was machen  ____________ im  ____________?

Antwort:  ____________  ____________.

11 **Sprecht miteinander. Spielt ein Frage- und Antwortspiel. Schreibe deine Lösung auf die Linien.**

Frage: Kennst du das Tier?

Es ist im Zoo.

Es ist stark.

Antwort: Das ist der Elefant.

Frage: Kennst du das Tier ____________?

Es ist im ____________.

Es ist ____________.

Antwort: Das ist das ____________________.

Frage: Kennst du das ____________?

Es ist im ____________.

Es ist ______________________.

Antwort: Das ______ ____________________.

Frage: Kennst ______ ________________?

Es ____________ ____________.

Es ______ __________________________.

Antwort: Das ______ ____________________.

Frage: Kennst ______ ________________?

Es ist auf dem ______________________.

Es ______ ____________.

Antwort: Das ______ ____________________.

1 Schau dir das Situationsbild auf Seite 69 im Wörterbuch an.

2 Sprich die Wörter zu dem Bild und höre genau.

3 Schreibe die Wörter auf die Linien neben die Bilder.

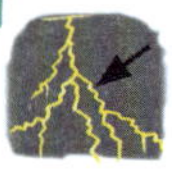	der Blitz		

Nomen (Namenwörter) beginnen mit einem Großbuchstaben.
Beispiel: Wetter

4 Wo findest du die Wörter im Wörterbuch? Schreibe sie mit dem Artikel (Begleiter) auf und schreibe die Seitenzahlen dazu.

Temperatur Regen
Schirm Sturm
~~Wetter~~ Himmel

	Begleiter	Nomen	Seite
	das	Wetter	71

5 **Finde das Bild zum Wort. Verbinde.**

Wolke Eis Thermometer Schirm Schnee Wetterbericht

     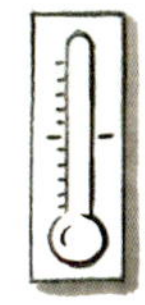

6 **Ordne die Nomen (Namenwörter) nach dem Abc. Achte auf den ersten Buchstaben. Schreibe den Artikel (Begleiter) dazu.**

der Regen
der Hagel
die Wärme
~~der Donner~~
der Mond
die Sonne
der Nebel

der Donner
_____ __________
_____ __________
_____ __________
_____ __________
_____ __________
_____ __________

! Mit einem **Satz** teilen wir etwas mit. Das erste Wort im Satz beginnt mit einem Großbuchstaben. Am Ende des Satzes steht ein **Punkt** . .
Beispiel: Da ist der Blitz.

7 **Sprich und schreibe Sätze.**

Da ist  der Blitz.

Da ist  __________.

_____ ist  __________.

_____ ist  __________.

_____ ist  __________.

_____ ist  __________.

! **Adjektive** (Eigenschaftswörter) beschreiben, wie jemand oder etwas ist.
Beispiel: trocken

8 **Wo findest du diese Adjektive (Eigenschaftswörter) im Wörterbuch? Schreibe die Seitenzahlen dazu.**

warm ~~trocken~~ nass
neblig sonnig windig
heiß dunkel kalt hell

Adjektiv	Seite
trocken	71

! **Adjektive** (Eigenschaftswörter) lassen sich steigern.
Beispiel: dunkel – dunkler

9 **Schreibe die Steigerungsformen zu diesen Adjektiven (Eigenschaftswörtern).**

Schreibe so: dunkel – dunkler

dunkel
warm
hell
kalt

! Wir wollen etwas wissen und stellen eine **Frage**. Am Ende des Satzes steht ein **Fragezeichen** ? . Beispiel: Was ist am Himmel?

10 Sprich und schreibe Fragen und Antworten.

Frage: Was ist am Himmel?

Antwort: Am Himmel ist der Blitz.

Frage: Was ____________ ________________?

Antwort: Am Himmel ist ______________________.

Frage: ________________ ____________________?

Antwort: Am ______________________ ____________________.

Frage: ________________ ____________________?

Antwort: Am ______________________

_________________________.

11 Sprecht miteinander.
Spielt ein Frage- und Antwortspiel.
Schreibe deine Lösung auf die Linien.

Frage: Wie ist das Wetter?

Antwort: Es ist sonnig.

Frage: Wie ist ____________________?

Antwort: Es ist ________________.

Frage: Wie ________ ____________________?

Antwort: Es ________ ____________.

Frage: ______________ ____________________?

Antwort: ____________ ________________.

Meine Wörter

1 Meine Wörter zum Thema „Meine Familie“

2 Meine Wörter zum Thema „In der Schule“

3 Meine Wörter zum Thema „Zahlen und Rechnen“

4 Meine Wörter zum Thema „Farben“

5 Meine Wörter zum Thema „Freunde aus allen Ländern“

6 Meine Wörter zum Thema „Freizeit, Spiel und Sport“

Meine Wörter

7 Meine Wörter zum Thema „Feste und Jahreszeiten“

8 Meine Wörter zum Thema „Essen und Trinken“

9 Meine Wörter zum Thema „Einkaufen und Straßenverkehr“

0 Meine Wörter zum Thema „Kleidung“

1 Meine Wörter zum Thema „Mein Körper“

2 Meine Wörter zum Thema „Gesundheit“

13 Meine Wörter zum Thema „Wohnen“

14 Meine Wörter zum Thema „Tiere und Pflanzen“

15 Meine Wörter zum Thema „Wetter“